目 录

工作成果记录页一　汽车底盘功用与组成的认知

项目名称	项目一　汽车底盘认知		
任务名称	任务一　汽车底盘的功用与组成的认知		
团队名称		姓　　名	
地　　点		日　　期	

一、组织安排

实施步骤	实施内容
使用设备	在实训车间或者校园内部找到合适车辆
组织安排	分好小组→掌握安全注意事项→做好任务分工安排→在选定区域找到合适的车辆→征得车主或管理者同意→记录车辆基本信息→小组探讨、分析车辆底盘相关信息→组织总结→评价反思→做好工作成果记录页
准备工作	准备好手套、笔记本、手机（负责照相），熟悉实训车间及工作场地安全要求等规章制度
团队实施	分好团队，以团队为单元，实施任务

二、信息收集

1. 团队学生通过现场查找一辆汽车，作为本次工作成果收集的目标车辆，并详细登记车辆信息。

品　　牌		变速器型号	
发动机型号		发动机排量	
生产日期		行驶里程	
车辆识别码			

2. 根据本任务并结合车辆信息，回答引导问题。

① 本辆汽车的传动系统布置形式是______________________________。

② 本辆汽车的前、后悬架类型分别是____________________________。

③ 本辆汽车的转向系统的类型是_______________________________。

④ 本辆汽车制动系统使用的制动器的类型是________________________。

3. 通过查阅资料，完成下列任务。

① 汽车底盘的发展方向：

____

____

____。

② 你认为什么样的底盘才是优秀的？试举例说明。

____

____

____。

4. 标出下图中系统名称。

三、任务实施

实施内容	评价标准	完成情况
安全注意事项	熟知实训室安全操作规范和注意事项	完成 □ 未完成□
准备工作	清理现场，清点工具	完成 □ 未完成□
查找并登记车辆信息	找到合适车辆并征得车主或管理者同意，记录车辆相关信息	完成 □ 未完成□
讨论分析车辆底盘信息	查阅资料，掌握目标车辆底盘信息，并分析信息数据	完成 □ 未完成□
规范记录与操作	规范、整洁记录工作成果记录页，并留存工作记录影像资料	完成 □ 未完成□
清洁整理整顿	工具设备清洁归位，工作场地清理	完成 □ 未完成□

四、任务总结

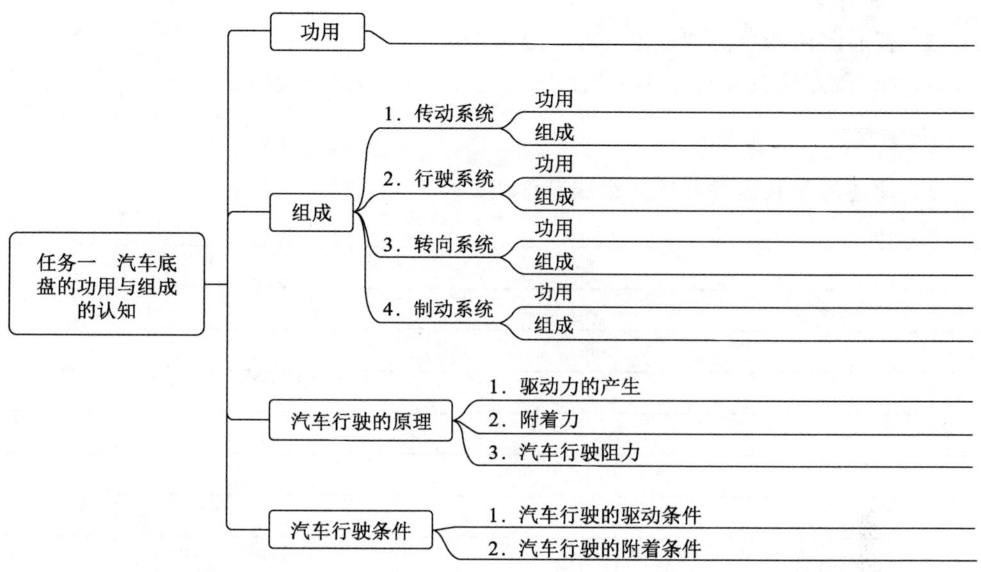

五、任务练习

[填空题]

1. 汽车底盘由________、________、________和________四部分组成。
2. 汽车发动机与驱动轮之间的动力传递装置称为汽车________。
3. 传动系统包括________、________、________、________、________等。
4. 行驶系统包括________、________、________、________等部分。
5. 半轴是用于将_______传来的动力传给驱动轮。
6. 制动系统可分为________、________、________、________等部分。

[判断题（对的打“√”，错的打“×”）]

1. 汽车底盘用以乘坐驾驶员、旅客或装载货物。（　　）
2. 汽车的减振器用来使振动衰减，减小车身和车轮的振动。（　　）
3. 汽车传动机构的作用是将发动机的动力传递给驱动轮。（　　）
4. 鼓式车轮制动器的旋转元件是制动鼓。（　　）

[选择题]

1. 变速器挡数越多，发动机便越有可能接近于（　　）时的转速工作。

A. 最大功率　B. 最大牵引力　C. 最高轮速　D. 最大扭矩

2. 下面万向节中属于等速万向节的是（　　）。

A. 球笼式　B. 双联式　C. 球叉式　D. 三销轴式

3. 离合器的主动部分不包括（　　）。

A. 飞轮　B. 离合器盖　C. 压盘　D. 摩擦片

4. 汽车车速传感器一般安置在（　　）上。

A. 车轮　　B. 轮毂　　C. 发动机　　D. 变速器

5. 普通差速器总的特性是（　　）。

A. 既差速又差扭　　B. 只差扭　　C. 差扭不差速　　D. 差速不差扭

[问答题]

1. 简述汽车底盘各系统的组成及作用。

____

____

____

____

____

____

____

____。

2. 简述离合器、变速器的作用。

____

____

____

____

____

____

____

____

____

____。

六、评价反思

通过本任务的学习，反思自己的学习过程，评价自己的学习质量。

评价项目	评价指标	评价结果
专业技能	能够独立查找汽车相关信息	认真完成□　有待提高□　合格□　不合格□
	按照质量要求完成工作成果记录页内容	认真完成□　有待提高□　合格□　不合格□
工作态度	工作学习态度端正	认真完成□　有待提高□　合格□　不合格□
	正确查阅维修资料和学习资料	认真完成□　有待提高□　合格□　不合格□
个人反思	对于本任务，个人完成的质量是否达到最佳程度，请提出个人反思和改进建议	个人反思： 改进建议：

个人学习成长记录贴

工作成果记录页二　汽车底盘驱动形式的认知

项目名称	项目一　汽车底盘认知		
任务名称	任务二　汽车底盘驱动形式的认知		
团队名称		姓　　名	
地　　点		日　　期	

一、组织安排

实施步骤	实施内容
使用设备	在实训车间或者校园内部找到合适车辆
组织安排	分好小组→掌握安全注意事项→做好任务分工安排→在选定区域找到合适的车辆→征得车主或管理者同意→记录车辆基本信息→使用手机对汽车底盘进行拍照→根据照片信息，结合资料确定目标车辆底盘驱动形式→打开发动机舱盖，确认发动机布置形式→小组探讨、分析驱动形式的特点→组织总结→评价反思→做好工作成果记录页
准备工作	准备好手套、笔记本、手机（负责照相），熟悉实训车间及工作场地安全要求等规章制度，掌握不同类型汽车底盘的驱动形式和发动机布置形式的特点等相关知识
团队实施	分好团队，以团队为单元，实施任务

二、信息收集

1. 团队学生通过现场查找一辆汽车，作为本次工作成果收集的目标车辆，并详细登记车辆信息。

品　牌		变速器型号	
发动机型号		发动机排量	
生产日期		行驶里程	
车辆识别码			

2. 根据本任务并结合车辆信息，回答引导问题。

① 本辆汽车的驱动形式是________________________________。

② 本辆汽车的变速器是什么类型____________________________。

③ 本辆汽车的轮胎的标识是________________________________。

3. 通过查阅资料，完成下列任务。

① 介绍一下什么是横置发动机和纵置发动机？它们各自的特点是什么？

____

____。

② 请将横置发动机和纵置发动机的简图画在下方空白区域。

4. 在下图括号中标出汽车底盘的驱动形式。

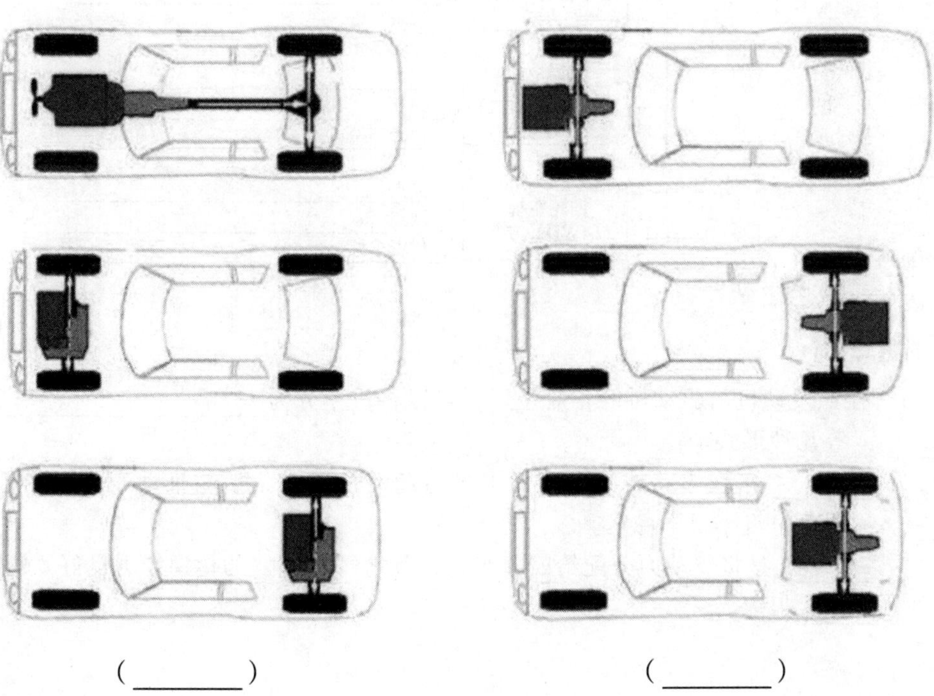

(________)　　　　(________)

三、任务实施

实施内容	评价标准	完成情况
安全注意事项	熟知实训室安全操作规范和注意事项	完成 □　未完成□
准备工作	清理现场，清点工具	完成 □　未完成□
查找并登记车辆信息	找到合适车辆并征得车主或管理者同意，记录车辆相关信息	完成 □　未完成□
讨论分析车辆底盘驱动形式	查阅资料，掌握目标车辆底盘驱动形式，并分析驱动形式的特点	完成 □　未完成□
讨论分析车辆发动机布置形式	查阅资料，掌握目标车辆发动布置形式，并分析布置形式的特点	完成 □　未完成□
规范记录与操作	规范、整洁记录工作成果记录页，并留存工作记录影像资料	完成 □　未完成□
清洁整理整顿	工具设备清洁归位，工作场地清理	完成 □　未完成□

四、任务总结

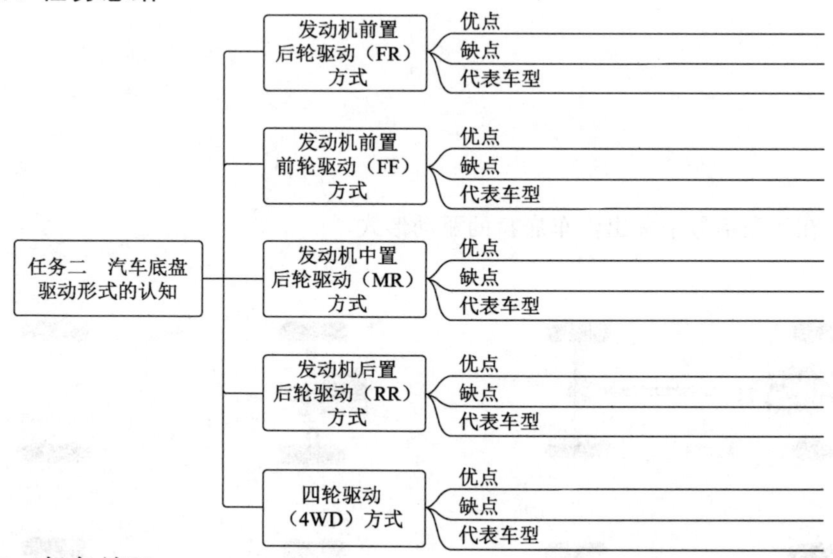

五、任务练习

[填空题]

1. 按照发动机与驱动桥的相对位置，可以将汽车分为________、________、________等几种形式。

2. ________车在雪路或易滑路面上进行起动加速时，后轮推动车身而产生________现象，汽车很不稳定。

3. ________是将驱动力分配给四个车轮，因此________的传递能力良好。越野性和________很强。

[判断题（对的打“√”，错的打“×”）]

1. 发动机前置后驱主要适用于突出运动性的车辆。（　　）
2. 发动机前置前驱的车辆行驶在湿滑路面时，不易保证方向的稳定性。（　　）
3. 发动机前置后驱车辆在湿滑路面行驶时，容易产生甩尾现象。（　　）
4. 四轮驱动起源于军用车。（　　）

[选择题]

1. 下列车型中属于发动机前置后驱的车辆是（　　）。
   A. 蒙迪欧　B. 卡罗拉　C. 皇冠　D. 朗逸
2. 下列车型中不是采用四轮驱动方式的是（　　）。
   A. 宝马 Z4　B. 奔驰 ML 级　C. 奥迪 Q7　D. 保时捷卡宴
3. 下列说法中对四轮驱动表述错误的是（　　）。
   A. 传动轴长，结构复杂
   B. 噪声大，车辆重，驱动传递效率差
   C. 爬坡能力好，善于行驶坏路
   D. 相比于其他驱动方式更节油

[问答题]

1. 简述车辆中的“全时四驱”是指什么。

____

____

____。

2. 发动机前置前驱有什么好处？

____

____

____。

六、评价反思

通过本任务的学习，反思自己的学习过程，评价自己的学习质量。

评价项目	评价指标	评价结果
专业技能	能够独立查找轿车底盘驱动形式系统	认真完成□　有待提高□　合格□　不合格□
	能够掌握横置和纵置发动机的布置形式	认真完成□　有待提高□　合格□　不合格□
	按照质量要求完成工作成果记录页内容	认真完成□　有待提高□　合格□　不合格□
工作态度	工作学习态度端正	认真完成□　有待提高□　合格□　不合格□
	正确查阅维修资料和学习资料	认真完成□　有待提高□　合格□　不合格□
个人反思	对于本任务，个人完成的质量是否达到最佳程度，请提出个人反思和改进建议	个人反思： 改进建议：

个人学习成长记录贴

工作成果记录页三　汽车拆装基础的认知

项目名称	项目一　汽车底盘认知		
任务名称	任务三　汽车拆装基础的认知		
团队名称		姓　　名	
地　　点		日　　期	

一、组织安排

实施步骤	实施内容
使用设备	实训车间实训车辆，准备好举升机、扒胎机、动平衡机等
组织安排	分好小组→宣读安全注意事项→记录基本信息→熟悉、练习举升机的使用→了解车轮动平衡机的使用→了解扒胎机的使用→组织总结→评价反思→做好工作成果记录页
准备工作	对实训现场进行安全检查，熟悉实训车间及工作场地安全要求等规章制度
团队实施	分好团队，以团队为单元，实施任务

二、信息收集

1. 团队学生通过现场查找一辆汽车，作为本次工作成果收集的目标车辆，并详细登记车辆信息。

品　　牌		变速器型号	
发动机型号		发动机排量	
生产日期		行驶里程	
车辆识别码			

2. 团队学生详细登记实训室使用举升机的信息。

品　　牌			
产品型号		举升质量	
生产日期		使用电压	
电动机功率		举升高度（行程）	

3. 根据本任务并结合实训车辆信息，回答引导问题。

① 汽车底盘拆装使用的工具有________________________________。

② 汽车底盘维修使用的设备有________________________________。

4. 通过查阅资料，完成下列任务。

① 汽车举升机的类型有哪些？

____。

② 举升机的使用步骤及注意事项：

____

____。

____

____。

三、任务实施

实训内容	评价标准	完成情况
安全注意事项	熟知实训室安全操作规范和注意事项	完成 □ 未完成□
准备工作	清理现场，清点工具	完成 □ 未完成□
练习举升机的使用	查阅资料，熟知举升机安全操作规范和使用流程	完成 □ 未完成□
练习车轮动平衡的使用	查阅资料，熟知动平衡机的安全操作规范和使用流程	完成 □ 未完成□
练习扒胎机的使用	查阅资料，熟知扒胎机的安全操作规范和使用流程	完成 □ 未完成□
清洁整理整顿	工具设备清洁归位，工作场地清理	完成 □ 未完成□

四、任务总结

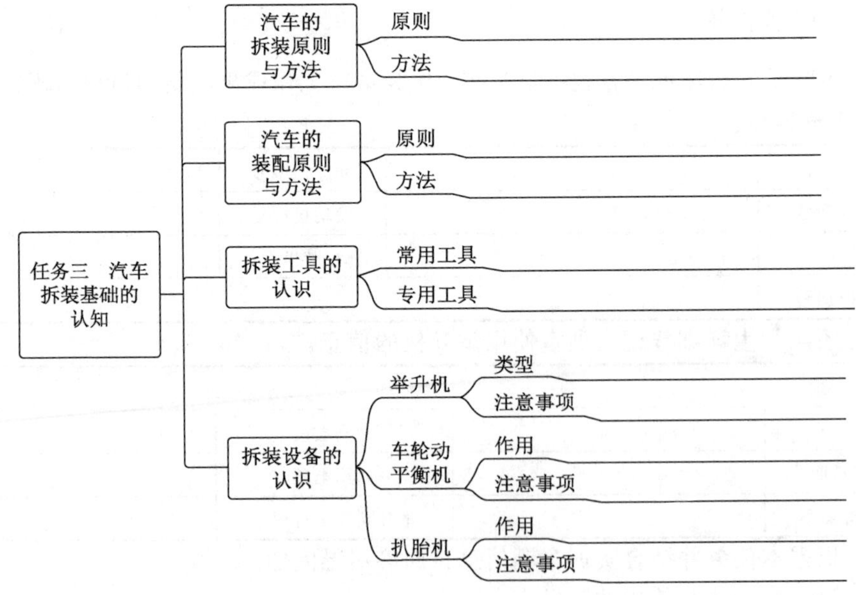

五、任务练习

[填空题]

1. 为了提高拆卸工效，减少零部件的损伤和变形，需要使用相应的专用_____和_______，严禁敲打。

2. _______按顺序逐级拆卸，并在拆卸时做好________标记。

3. 为防止受力不均匀而造成的零件变形、损坏，应首先将每一个螺栓或螺母拧松________圈，尽量________拆卸，并先拆下难拆的螺母或螺栓。

[判断题（对的打“√”，错的打“×”）]

1. 在进行零部件装配后，要进行装配后的调整检查。 (　　)

2. 扭力扳手是一种能够控制力矩大小的扳手。 (　　)

3. 尖嘴钳用于拆卸和安装卡簧。 (　　)

[问答题]

简述汽车拆装的原则和注意事项。

____

____

____

____。

六、评价反思

通过本次实训任务的学习，反思自己的学习过程，评价自己的学习质量。

评价项目	评价指标	评价结果
专业技能	能够熟知底盘拆装使用的工具	认真完成□　有待提高□　合格□　不合格□
	能够熟知底盘维护使用的设备	认真完成□　有待提高□　合格□　不合格□
	能够遵守实训车间安全操作规范	认真完成□　有待提高□　合格□　不合格□
	按照质量要求完成工作成果记录册内容	认真完成□　有待提高□　合格□　不合格□
工作态度	工作学习态度端正	认真完成□　有待提高□　合格□　不合格□
	正确查阅维修资料和学习资料	认真完成□　有待提高□　合格□　不合格□
	按照计划安排，完成实训	认真完成□　有待提高□　合格□　不合格□
	分工明确，团队协作	认真完成□　有待提高□　合格□　不合格□
个人反思	对于本任务，个人完成的质量是否达到最佳程度，请提出个人反思和改进建议	个人反思： 改进建议：

个人学习成长记录贴

工作成果记录页四　汽车底盘传动系统的认知

项目名称	项目二　汽车底盘传动系统		
任务名称	任务一　汽车底盘传动系统的认知		
团队名称		姓　名	
地　点		日　期	

一、组织安排

实施步骤	实施内容
使用设备	在实训车间或者校园内部找到合适车辆
组织安排	分好小组→掌握安全注意事项→做好任务分工安排→在选定区域找到合适的车辆→征得车主或管理者同意→记录车辆基本信息→小组探讨、分析车辆底盘传动系统组成部件→组织总结→评价反思→做好工作成果记录页
准备工作	准备好手套、笔记本、手机（负责照相），熟悉实训车间及工作场地安全要求等规章制度
团队实施	分好团队，以团队为单元，实施任务

二、信息收集

1. 团队学生通过现场查找一辆汽车，作为本次工作成果收集的目标车辆，并详细登记车辆信息。

品　牌		变速器型号	
发动机型号		发动机排量	
生产日期		行驶里程	
车辆识别码			

2. 根据本任务并结合车辆信息，回答引导问题。

① 本辆汽车选用的变速器是________________________。

② 本辆汽车的发动机是纵置发动机还是横置发动机，请填写________。

③ 本辆汽车是前驱还是后驱，请填写____________________。

④ 本辆汽车制动系统使用的制动器的类型是______________。

3. 通过查阅资料，完成下列任务。

① 汽车底盘的传动系统的作用是什么？

____

____

____。

② 6S 管理理念的具体内容包括什么？

____

____

____。

三、任务实施

实施内容	评价标准	完成情况
安全注意事项	熟知实训室安全操作规范和注意事项	完成 □　未完成□
准备工作	清理现场，清点工具	完成 □　未完成□
查找并登记车辆信息	找到合适车辆或部件并征得车主或管理者同意，记录车辆相关信息	完成 □　未完成□
讨论分析车辆底盘传动系统组成部件	查阅资料，掌握目标车辆底盘传动系统组成部件，并分析信息数据	完成 □　未完成□
规范记录与操作	规范、整洁记录工作成果记录页，并留存工作记录影像资料	完成 □　未完成□
清洁整理整顿	工具设备清洁归位，工作场地清理	完成 □　未完成□

四、任务总结

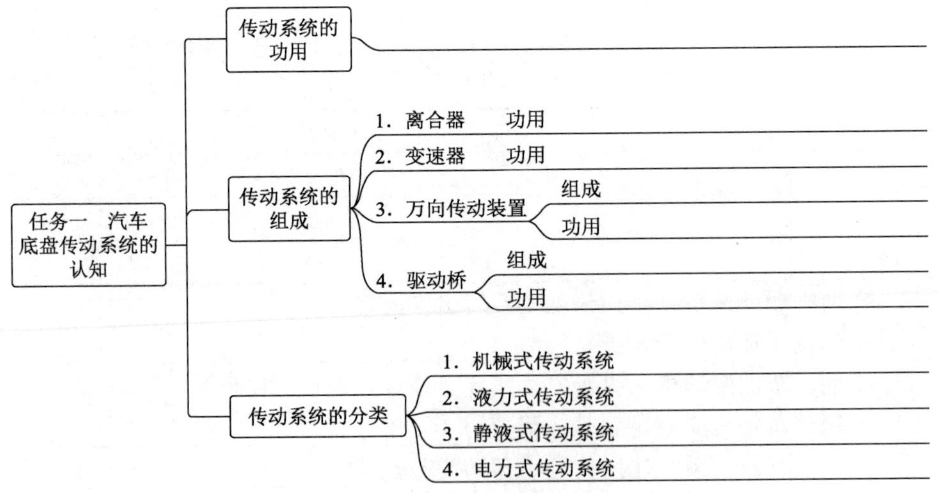

五、任务练习

[填空题]

1. 传动系统主要由________、________、________、________、________、________和________等组成。

2. 传动系统的功用包括：________、________、________、________、________等。

3. 发动机前置前驱动机械式传动系统，发动机动力经过________、________、________、主减速器主从动锥齿轮、________、________传递到驱动车轮。

[判断题（对的打“√”，错的打“×”）]

1. 传动系统的作用就是将发动机输出的动力传递给驱动车轮，使汽车行驶。 (　　)

2. 万向传动装置安装于发动机与变速器之间，用来改变力的传递方向。 (　　)

3. 万向节包括万向节叉、差速器、传动轴。 (　　)

4. 变速器中设置的倒挡就是为了实现汽车倒驶。 (　　)

[选择题]

1. 汽车离合器安装于（　　）。

A. 发动机与变速器之间　　B. 变速器与后驱动轴之间

C. 带轮与变速器之间　　D. 分动器与变速器之间

2. 下面对电力式传动系统表述错误的是（　　）。

A. 总体布置简化　　B. 起动、变速平稳

C. 传递效率高　　D. 具有无级变速特性

3. 三轴式变速器不包括（　　）。

A. 输入轴　　B. 输出轴　　C. 中间轴　　D. 倒挡

[问答题]

1. 分析为什么要让汽车的传动系统具有降速增矩的作用。

____

____

____

____。

2. 简述传动系统中驱动桥的作用。

____

____

____

____。

六、评价反思

通过本任务的学习，反思自己的学习过程，评价自己的学习质量。

评价项目	评价指标	评价结果
专业技能	能够独立查找轿车底盘传动系统部件	认真完成□　有待提高□　合格□　不合格□
	按照质量要求完成工作成果记录页内容	认真完成□　有待提高□　合格□　不合格□
工作态度	工作学习态度端正	认真完成□　有待提高□　合格□　不合格□
	正确查阅维修资料和学习资料	认真完成□　有待提高□　合格□　不合格□
个人反思	对于本任务，个人完成的质量是否达到最佳程度，请提出个人反思和改进建议	个人反思： 改进建议：

个人学习成长记录贴

工作成果记录页五　离合器的认知

项目名称	项目二　汽车底盘传动系统		
任务名称	任务二　离合器的认知		
团队名称		姓　　名	
地　　点		日　　期	

一、组织安排

实施步骤	实施内容
使用设备	在实训车间或者校园内部找到合适车辆、合适的离合器部件
组织安排	分好小组→掌握安全注意事项→做好任务分工安排→找到合适的车辆或离合器部件→征得车主或管理者同意→小组探讨、分析车辆底盘传动系统离合器的构造、工作原理→组织总结→评价反思→做好工作成果记录页
准备工作	准备好手套、笔记本、手机（负责照相），熟悉实训车间及工作场地安全要求等规章制度，熟悉离合器的功用、构造、工作原理的基础知识
团队实施	分好团队，以团队为单元，实施任务

二、信息收集

1. 团队学生通过现场查找一辆汽车，作为本次工作成果收集的目标车辆，并详细登记车辆信息。

品　　牌		变速器型号	
发动机型号		发动机排量	
生产日期		行驶里程	
车辆识别码			

2. 根据本任务并结合车辆信息，回答引导问题。

① 本辆汽车使用的变速器类型是______________________________。

② 本辆汽车能够配备的离合器是______________________________。

③ 本辆汽车配备的离合器类型是______________________________。

3. 通过查阅资料，完成下列任务。

① 自动离合器的工作原理是什么？有哪些车型配备自动离合器？

____

____

____。

② 离合器使用的摩擦材料是什么材质？什么时候需要更换离合器？

____

____

____

____

____

____

____

____。

4. 写出下图指标线部分的结构名称。

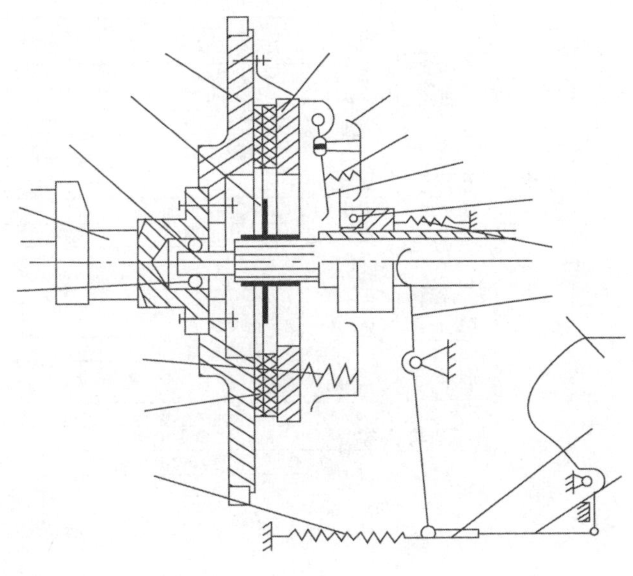

三、任务实施

实施内容	评价标准	完成情况
安全注意事项	熟知实训室安全操作规范和注意事项	完成 □　未完成□
准备工作	清理现场，清点工具	完成 □　未完成□
查找并登记车辆信息	找到合适车辆或部件并征得车主或管理者同意，记录车辆相关信息	完成 □　未完成□
讨论分析传动系统的离合器的构造和工作原理	查阅资料，掌握目标车辆底盘传动系统离合器部件的构造、工作原理等，并分析离合器的整体运行数据	完成 □　未完成□
规范记录与操作	规范、整洁记录工作成果记录页，并留存工作记录影像资料	完成 □　未完成□
清洁整理整顿	工具设备清洁归位，工作场地清理	完成 □　未完成□

四、任务总结

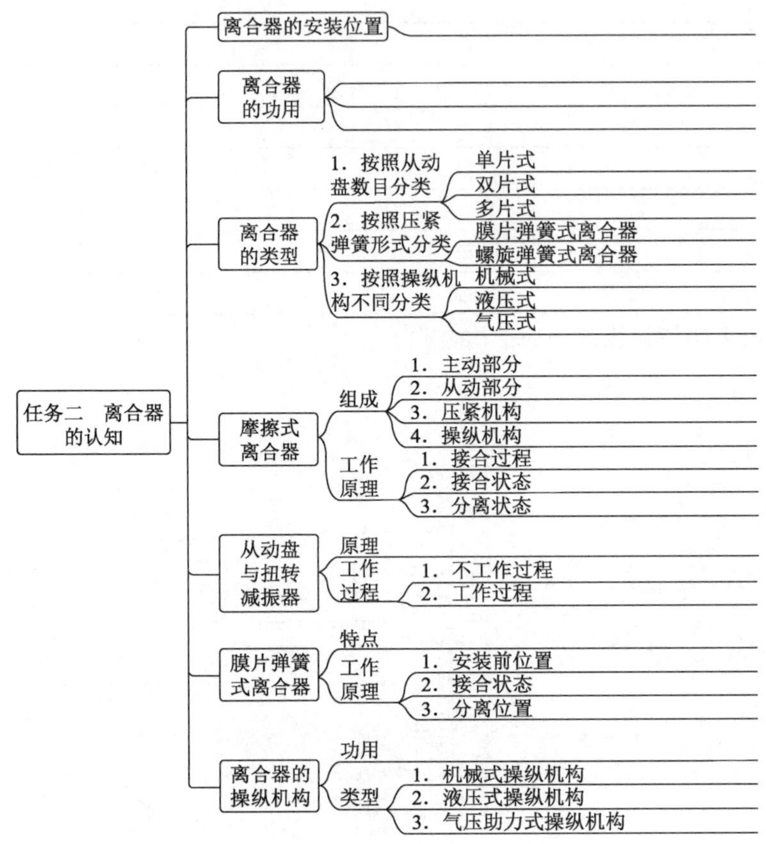

五、任务练习

[填空题]

1. 摩擦式离合器按从动盘数目可以分为________、________、________。
2. 摩擦式离合器的主动部分包括________、________、________。
3. 离合器的操纵机构包括________、________、________、________、________、________等。
4. 摩擦式离合器主要是由________、________、________和操纵机构四部分组成的。
5. 机械式操纵机构通常有_______和________两种。

[判断题（对的打“√”，错的打“×”）]

1. 离合器踏板的总行程也就是踏板的有效行程。 (　　)
2. 不管离合器处于接合或分离状态，其压紧弹簧均处于压缩状态。 (　　)
3. 离合器踏板完全抬起，起步仍困难，是分离不彻底造成的。 (　　)
4. 为了减少离合器的磨损，压盘与摩擦片之间要有润滑油润滑。 (　　)

5. 双片离合器有两个从动盘、两个压盘、两个摩擦面。 ( )

6. 膜片弹簧离合器的结构特点之一是用膜片弹簧取代压紧弹簧和分离杠杆。 ( )

7. 离合器在紧急制动时，可防止传动系统过载。 ( )

[选择题]

1. 汽车离合器的主要作用是（ ）。
   A. 保证汽车起步平稳　B. 使换挡时工作平顺
   C. 防止传动系统过载　D. 增加变速比

2. 对离合器的主要要求之一是（ ）。
   A. 接合柔和，分离彻底　B. 接合柔和，分离柔和
   C. 接合迅速，分离彻底　D. 接合迅速，分离柔和

3. 以下（ ）不是离合器的作用。
   A. 便于换挡　B. 减速增扭
   C. 传动系统过载保护　D. 平稳起步

[问答题]

1. 摩擦式离合器主要由哪几部分组成？其基本工作原理是什么？

____

____

____。

2. 离合器液压操纵机构的工作原理是什么？

____

____

____。

六、评价反思

通过本任务的学习，反思自己的学习过程，评价自己的学习质量。

评价项目	评价指标	评价结果
专业技能	能够独立查找汽车底盘离合器类型	认真完成□　有待提高□　合格□　不合格□
	能够掌握离合器的组成结构与工作原理	认真完成□　有待提高□　合格□　不合格□
	按照质量要求完成工作成果记录页内容	认真完成□　有待提高□　合格□　不合格□
工作态度	工作学习态度端正	认真完成□　有待提高□　合格□　不合格□
	正确查阅维修资料和学习资料	认真完成□　有待提高□　合格□　不合格□
个人反思	对于本任务，个人完成的质量是否达到最佳程度，请提出个人反思和改进建议	个人反思： 改进建议：

个人学习成长记录贴

工作成果记录页六　手动变速器的认知

项目名称	项目二　汽车底盘传动系统		
任务名称	任务三　手动变速器的认知		
团队名称		姓　　名	
地　　点		日　　期	

一、组织安排

实施步骤	实施内容
使用工具、设备	世达工具、手动变速器、画图工具等
组织安排	分好小组→宣读安全注意事项→熟悉手动变速器结构→熟悉手动变速器的工作原理→熟悉同步器和操纵机构的结构和工作过程→描述手动变速器换挡过程→使用绘图工具，绘制手动变速器换挡的动力传递线路图→组织总结→评价反思→做好工作成果记录页
准备工作	对实训现场进行安全检查，熟悉实训工作场地，熟悉手动变速器结构和原理
团队实施	分好团队，以团队为单元，实施任务

二、信息收集

1. 学生团队详细登记实训室使用的手动变速器的详细信息。

变速器类型		变速器挡位数		
变速器轴数		同步器数目		
传动比（将各挡位传动比填入对应表格下端）				
一挡	二挡	三挡	四挡	五挡

2. 根据本任务并结合实训室变速器的信息，回答引导问题。

① 手动变速器按照所用轴数目不同分为________________。

② 手动变速器的同步器按结构不同分为________________。

3. 通过查阅资料，完成下列任务。

① 手动变速器的传动比是如何定义的？

____

____

____。

② 什么是双离合变速器（DSG）？

____

____

____

____

____

____。

4. 绘制三轴式变速器动力传递路线（选择一种挡位进行绘制）。

① 在下图中标出三轴式变速器三个轴的名称。

② 在下图（三轴式变速器）原理图上，选择画出一挡、二挡至五挡的动力传递路线图。

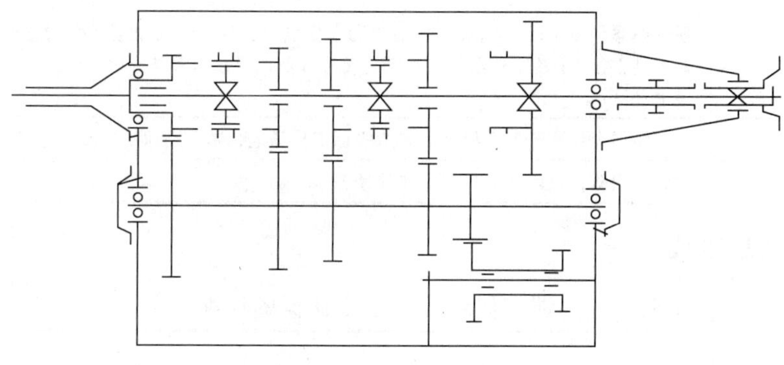

上面所画的是第________挡的动力传递路线图。

三、任务实施

实施内容	评价标准	完成情况
安全注意事项	熟知实训室安全操作规范和注意事项	完成 □　未完成□
准备工作	清理现场，清点工具	完成 □　未完成□
熟悉手动变速器结构	查看教材，掌握手动变速器的结构组成、同步器、操纵机构	完成 □　未完成□
熟悉手动变速器原理	查阅资料，掌握手动变速器的工作原理	完成 □　未完成□
描述动力传递路径	查阅资料，描述手动变速器的换挡动力传递路径	完成 □　未完成□
手绘动力传递路线图	查阅资料，利用绘图工具绘制动力传递路线图	完成 □　未完成□
清洁整理整顿	工具设备清洁归位，工作场地清理	完成 □　未完成□

四、任务总结

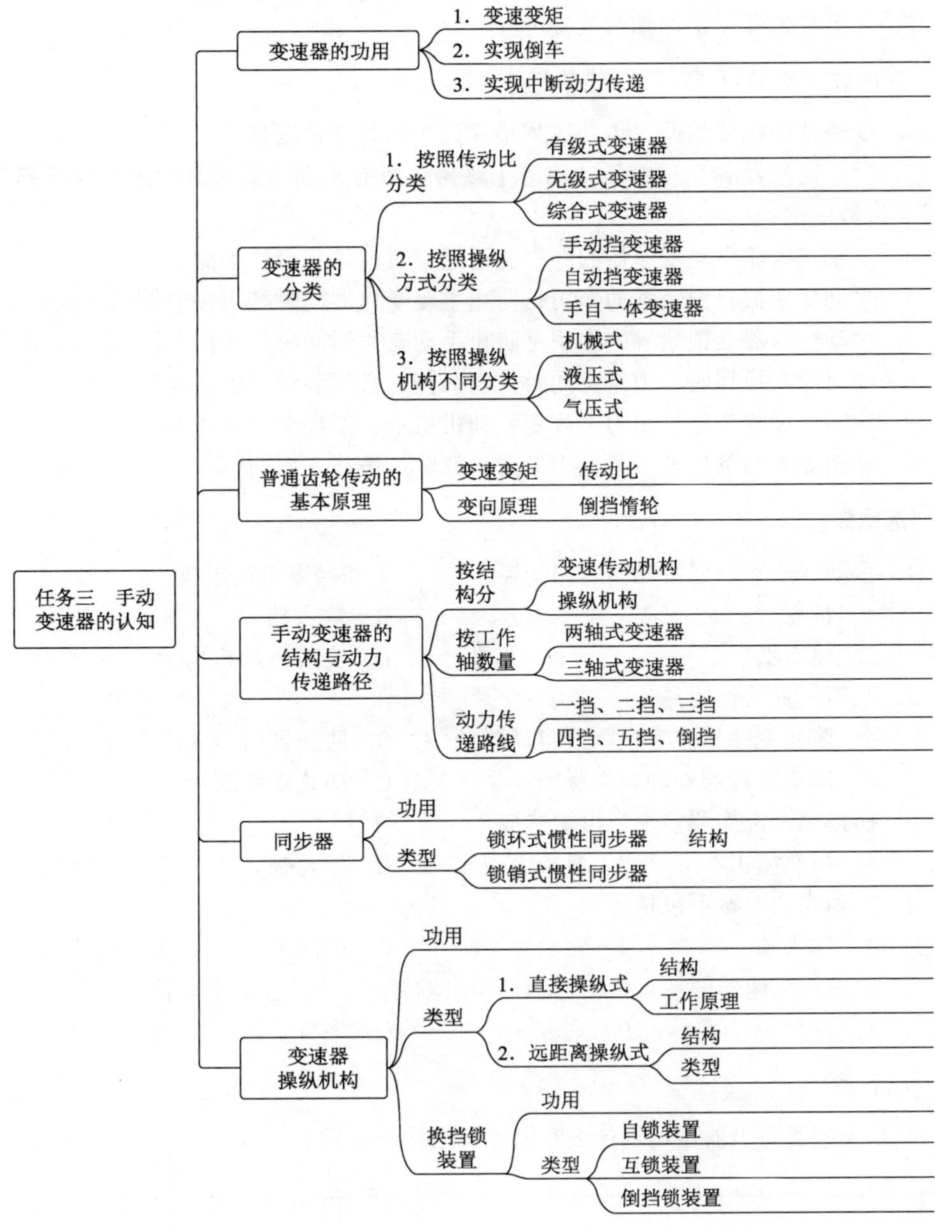

五、任务练习

[填空题]

1. 在发动机旋转方向不变的情况下，利用________中的________可以实现汽车的倒向行驶。

2. 变速器按传动比变化方式不同，可分为________和________。

3. 无级式变速器简称________，它的传动比的变化是________。

4. 自动变速器按变速机构的不同可分为________和________。

5. 手动变速器按工作轴的数量可分为________和________。

[判断题（对的打“√”，错的打“×”）]

1. 变速器的挡位越低，传动比越小，汽车的行驶速度越低。（ ）

2. 手动变速器各挡位的传动比等于该挡位所有从动齿轮齿数的乘积与所有主动齿轮齿数的乘积。（ ）

3. 二轴式齿轮手动变速器的倒挡是通过三对齿轮啮合传动的。（ ）

4. 手动变速器自锁装置的作用是防止手动变速器同时挂入两个挡。（ ）

5. 手动变速器互锁装置的作用是防止手动变速器同时挂入两个挡。（ ）

6. 变速器在换挡时，为避免同时挂入两挡，必须装设自锁装置。（ ）

7. 汽车上设置变速器是为了改变发动机扭矩，增加发动机功率。（ ）

8. 变速器上的倒挡锁主要是用来防止驾驶员误挂入倒挡。（ ）

[选择题]

1. 手动变速器一般由壳体、同步器、（ ）和操纵机构组成。

A. 齿轮　B. 输入轴

C. 输出轴　D. 变速传动机构

2. 互锁装置的作用是（ ）。

A. 防止变速器自动换挡或自动脱挡　B. 防止同时挂入两个挡

D. 减小零件磨损和换挡噪声　C. 防止误挂倒挡

3. 换挡操纵机构调整不当可能造成（ ）故障。

A. 齿轮撞击　B. 换挡困难　C. 齿轮锁止　D. 都可能

4. 三轴式变速器不包括（ ）。

A. 输入轴　B. 输出轴　C. 中间轴　D. 倒挡轴

5. 两轴式变速器的特点是输入轴与输出轴（ ），且无中间轴。

A. 重合　B. 垂直　C. 平行　D. 斜交

[问答题]

汽车变速器同步器作用是什么？简述其结构与原理。

____

____

____。

六、评价反思

通过本任务的学习，反思自己的学习过程，评价自己的学习质量。

评价项目	评价指标	评价结果
专业技能	能够清晰描述变速器工作原理	认真完成□　有待提高□　合格□　不合格□
	能够独立绘制变速器动力传递路径	认真完成□　有待提高□　合格□　不合格□
	能够遵守实训场地安全操作规范	认真完成□　有待提高□　合格□　不合格□
	按照质量要求完成工作成果记录页内容	认真完成□　有待提高□　合格□　不合格□
工作态度	工作学习态度端正	认真完成□　有待提高□　合格□　不合格□
	正确查阅维修资料和学习资料	认真完成□　有待提高□　合格□　不合格□
	按照计划安排，完成实训	认真完成□　有待提高□　合格□　不合格□
	分工明确，团队协作	认真完成□　有待提高□　合格□　不合格□
个人反思	对于本任务，个人完成的质量是否达到最佳程度，请提出个人反思和改进建议	个人反思： 改进建议：

个人学习成长记录贴

工作成果记录页七　万向传动装置的认知

项目名称	项目二　汽车底盘传动系统		
任务名称	任务四　万向传动装置的认知		
团队名称		姓　　名	
地　　点		日　　期	

一、组织安排

实施步骤	实施内容
使用设备	在实训车间或者校园内部找到合适车辆、合适的万向传动装置
组织安排	分好小组→掌握安全注意事项→做好任务分工安排→找到合适的车辆或万向传动装置→征得车主或管理者同意→小组探讨、分析车辆底盘传动系统万向传动装置的构造、工作原理→组织总结→评价反思→做好工作成果记录页
准备工作	准备好手套、笔记本、手机（负责照相），熟悉实训车间及工作场地安全要求等规章制度，熟悉万向传动装置的功用、构造、工作原理等基础知识
团队实施	分好团队，以团队为单元，实施任务

二、信息收集

1. 团队学生通过网络查找一辆四驱汽车，作为本次工作成果收集的目标车辆，并详细登记车辆信息。

品　　牌		变速器型号	
发动机型号		发动机排量	
生产日期		行驶里程	
车辆识别码		差速器类型	

2. 根据本任务并结合车辆信息，回答引导问题。

① 本辆汽车的传动系统布置形式是____________________。

② 本辆汽车的传动轴的材质是____________________。

3. 通过查阅资料，完成下列任务。

十字轴式刚性万向节如何实现两轴间等角速传动？

____

____

____。

4. 写出下图画线部分的结构名称。

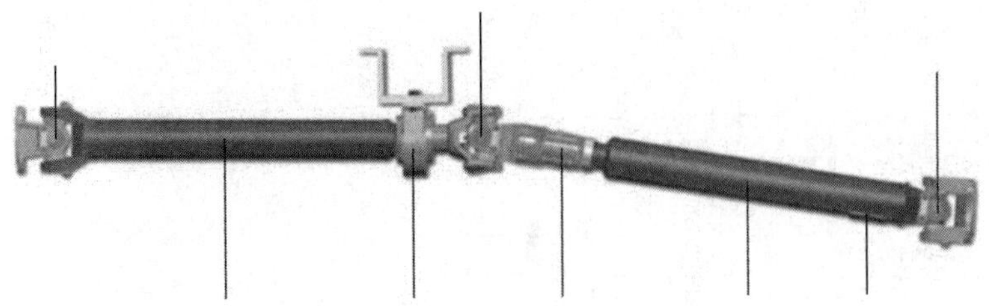

三、任务实施

实施内容	评价标准	完成情况
安全注意事项	熟知实训室安全操作规范和注意事项	完成 □ 未完成□
准备工作	清理现场，清点工具	完成 □ 未完成□
查找并登记车辆信息	找到合适车辆或部件并征得同意，记录车辆相关信息	完成 □ 未完成□
讨论分析传动系统的万向传动装置的构造和工作原理	查阅资料，掌握目标车辆底盘传动系统的万向传动装置的构造、工作原理，并分析万向节与传动轴的整体运行数据	完成 □ 未完成□
规范记录与操作	规范、整洁记录工作成果记录页，并留存工作记录影像资料	完成 □ 未完成□
清洁整理整顿	工具设备清洁归位，工作场地清理	完成 □ 未完成□

四、任务总结

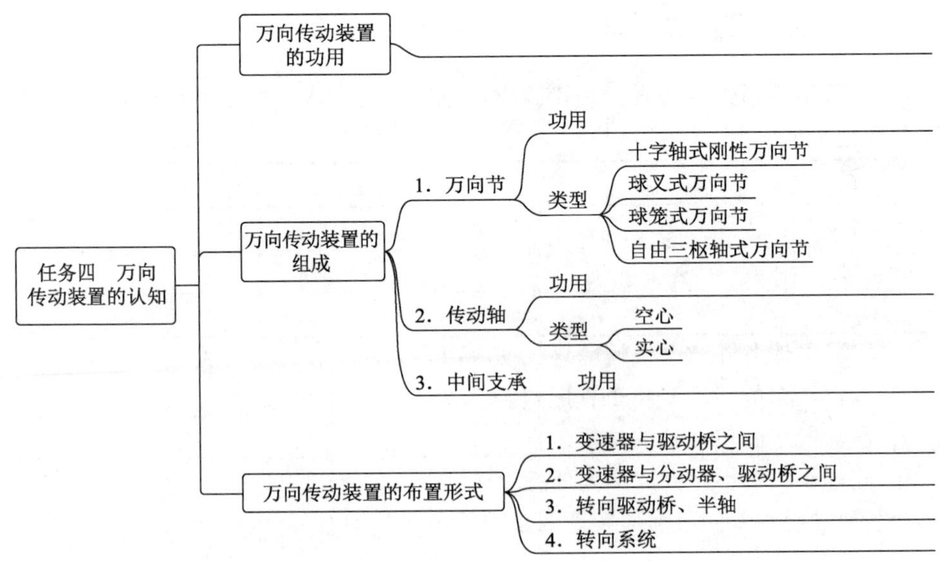

五、任务练习

[填空题]

1. 万向传动装置一般由________和________组成，有时还需要________。
2. 万向节是实现________的机件。
3. 目前汽车上应用较多的是________刚性万向节和________。
4. 十字轴式刚性万向节允许相邻两轴的最大交角为________。
5. 十字轴式刚性万向节主要由________、________、________和________等组成。
6. ________实际上是一个通过支承座和缓冲垫安装在车身（或车架）上的轴承，用来支撑________的一端。

[判断题（对的打“√”，错的打“×”）]

1. 刚性万向节是靠零件的铰链式连接来传递动力的，而挠性万向节则是靠弹性零件来传递动力的。（　　）
2. 对于十字轴式万向节来说，主、从动轴的交角越大，则传动效率越高。（　　）
3. 对于十字轴式万向节来说，主、从动轴之间只要存在交角，就存在摩擦损失。（　　）
4. 只有驱动轮采用独立悬架时，才有实现第一万向节两轴间的夹角等于第二万向节两轴间的夹角的可能。（　　）
5. 挠性万向节一般用于主、从动轴间夹角较大的万向传动的场合。（　　）
6. 传动轴两端的万向节叉，安装时应在同一平面内。（　　）

[选择题]

1. 十字轴式刚性万向节的十字轴轴颈一般都是（　　）。
   A. 空心的　　B. 实心的　　C. A、B均不正确
2. 十字轴式不等速万向节，当主动轴转过一周时，从动轴转过（　　）。
   A. 一周　　B. 小于一周　　C. 大于一周
3. 为了提高传动轴的强度和刚度，传动轴一般都做成（　　）。
   A. 空心的　　B. 实心的　　C. 半空、半实的
4. 主、从动轴具有最大交角的万向节是（　　）。
   A. 球笼式　　B. 球叉式　　C. 双联式　　D. 三销轴式
5. 不等速万向节指的是（　　）。
   A. 球叉式万向节　　B. 自由三销轴式万向节
   C. 十字轴式刚性万向节　　D. 球笼式万向节

[问答题]

1. 万向节用在汽车的哪些地方？简述其基本组成。

____

____

____。

2. 汽车万向节分几类？简述其结构与原理。

____

____

____。

六、评价反思

通过本任务的学习，反思自己的学习过程，评价自己的学习质量。

评价项目	评价指标	评价结果
专业技能	能够独立查找轿车的万向传动装置	认真完成□　有待提高□　合格□　不合格□
	能够正确解释万向传动装置的实际功用	认真完成□　有待提高□　合格□　不合格□
	按照质量要求完成工作成果记录页内容	认真完成□　有待提高□　合格□　不合格□
工作态度	工作学习态度端正	认真完成□　有待提高□　合格□　不合格□
	正确查阅维修资料和学习资料	认真完成□　有待提高□　合格□　不合格□
个人反思	对于本任务，个人完成的质量是否达到最佳程度，请提出个人反思和改进建议	个人反思： 改进建议：

个人学习成长记录贴

工作成果记录页八　驱动桥的认知

项目名称	项目二　汽车底盘传动系统		
任务名称	任务五　驱动桥的认知		
团队名称		姓　　名	
地　　点		日　　期	

一、组织安排

实施步骤	实施内容
使用设备	在实训车间或者校园内部找到合适车辆、合适的驱动桥装置
组织安排	分好小组→掌握安全注意事项→做好任务分工安排→找到合适的车辆与驱动桥装置→征得车主或管理者同意→小组探讨、分析车辆底盘传动系统驱动桥的构造、工作原理→组织总结→评价反思→做好工作成果记录页
准备工作	准备好手套、笔记本、手机（负责照相），熟悉实训车间及工作场地安全要求等规章制度，熟悉驱动桥的功用、构造、工作原理等基础知识
团队实施	分好团队，以团队为单元，实施任务

二、信息收集

1. 团队学生查找一辆汽车，作为本次工作成果收集的目标车辆，并详细登记车辆信息。

品　　牌		变速器型号	
发动机型号		发动机排量	
生产日期		行驶里程	
车辆识别码		驱动形式	前驱□　后驱□　四驱□

2. 根据本任务并结合车辆信息，回答引导问题。

① 本辆汽车的传动系统布置形式是________________。

② 本辆汽车的主减速器类型是________________。

3. 通过查阅资料，完成下列任务。

普通差速器和防滑差速器有哪些区别？

____

____

____。

4. 写出下图画线部分的结构名称。

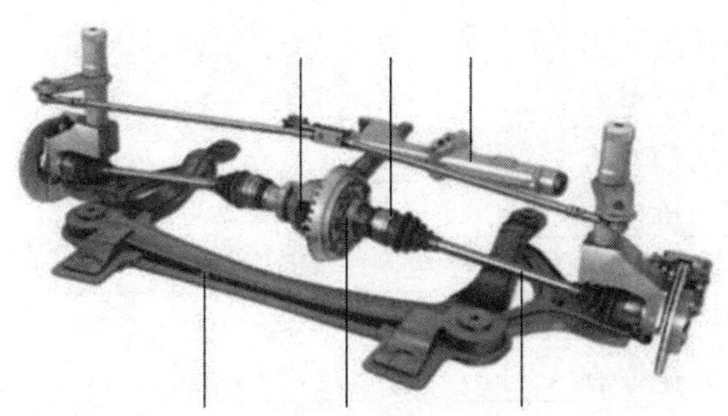

三、任务实施

实施内容	评价标准	完成情况
安全注意事项	熟知实训室安全操作规范和注意事项	完成 □　未完成□
准备工作	清理现场，清点工具	完成 □　未完成□
查找并登记车辆信息	找到合适车辆或部件并征得车主或管理者同意，记录车辆相关信息	完成 □　未完成□
讨论分析传动系统驱动桥的构造和工作原理	查阅资料，掌握目标车辆底盘传动系统驱动桥的构造、工作原理等，并分析驱动桥的整体运行数据	完成 □　未完成□
规范记录与操作	规范、整洁记录工作成果记录页，并留存工作记录影像资料	完成 □　未完成□
清洁整理整顿	工具设备清洁归位，工作场地清理	完成 □　未完成□

四、任务总结

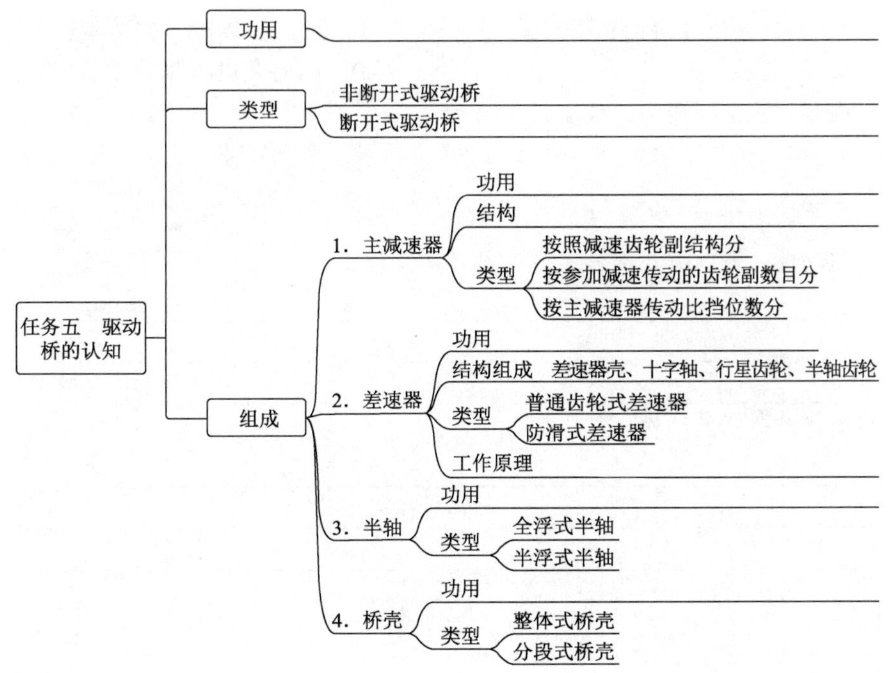

五、任务练习

[填空题]

1. 驱动桥是由________、________、________和________等组成的。
2. 驱动桥按照结构形式一般可分为________和________两种。
3. 非断开式驱动桥也称________。
4. 主减速器由一对大小啮合________构成，________与输出轴制成一体，________由铆钉与差速器外壳连接而成。
5. 普通齿轮式差速器有________和________两种。

[判断题（对的打“√”，错的打“×”）]

1. 主减速器采用双曲面齿轮，应用专门的双曲面齿轮油。 ( )
2. 汽车行驶时，差速器行星齿轮有自转、公转两种运动状态。 ( )
3. 装有普通锥齿轮差速器的汽车，当一侧驱动轮完全打滑，另一侧驱动轮在良好路面上，汽车不能行驶。 ( )
4. 半浮式半轴只承受扭矩，不承受弯矩。 ( )
5. 差速器只有在汽车转弯时才起作用。 ( )

[选择题]

1. 行星齿轮差速器起作用的时刻为（ ）。
   A. 直线行驶　B. 汽车转弯　C. A、B 情况下都起作用
2. 如将一辆汽车的后驱动桥架起来，并挂上挡，这时转动一侧车轮，则另一侧车轮（ ）。
   A. 同向并以相等的速度转动　B. 反向并以相等的速度转动
   C. 不转动　D. 反向并以不相等的速度转动
3. 汽车后桥主减速器的作用是（ ）。
   A. 增大扭矩　B. 增大功率　C. 增大转速　D. 增大附着力

[问答题]

1. 驱动桥一般由哪几部分组成？其功用是什么？

____

____

____。

2. 简述差速器的结构及工作原理。

____

____

____。

六、评价反思

通过本任务的学习，反思自己的学习过程，评价自己的学习质量。

评价项目	评价指标	评价结果
专业技能	能够独立查找轿车的驱动桥位置	认真完成□　有待提高□　合格□　不合格□
	能够正确解释驱动桥的实际功用	认真完成□　有待提高□　合格□　不合格□
	按照质量要求完成工作成果记录页内容	认真完成□　有待提高□　合格□　不合格□
工作态度	工作学习态度端正	认真完成□　有待提高□　合格□　不合格□
	正确查阅维修资料和学习资料	认真完成□　有待提高□　合格□　不合格□
个人反思	对于本任务，个人完成的质量是否达到最佳程度，请提出个人反思和改进建议	个人反思： 改进建议：

个人学习成长记录贴

工作成果记录页九　行驶系统的认知

项目名称	项目三　汽车底盘行驶系统		
任务名称	任务一　行驶系统的认知		
团队名称		姓　　名	
地　　点		日　　期	

一、组织安排

实施步骤	实施内容
使用设备	在实训车间或者校园内部找到合适车辆或行驶系统组成部件
组织安排	分好小组→掌握安全注意事项→做好任务分工安排→找到合适的车辆或者行驶系统的组成部件→征得车主或管理者同意→小组探讨、分析车辆底盘行驶系统的构造、工作原理→组织总结→评价反思→做好工作成果记录页
准备工作	准备好手套、笔记本、手机（负责照相），熟悉实训车间及工作场地安全要求等规章制度，熟悉行驶系统的功用、构造、工作原理等基础知识
团队实施	分好团队，以团队为单元，实施任务

二、信息收集

1. 团队学生查找一辆汽车，作为本次工作成果收集的目标车辆，并详细登记车辆信息。

品　　牌		变速器型号	
发动机型号		发动机排量	
生产日期		行驶里程	
车辆识别码		车身结构	承载式车身□　非承载式车身□

2. 根据本任务并结合车辆信息，回答引导问题。

① 本辆汽车的轮胎型号是________________________________。

② 本辆汽车的前、后悬架类型是________________________________。

3. 通过查阅资料，完成下列任务。

① 什么是汽车底盘调校？对于汽车有什么影响？

____

____

____。

② 汽车底盘行驶系统对汽车的行驶平顺性、操纵稳定性、安全性有何影响？

____

____

____。

4. 在下列括号中写出行驶系统结构组成的名称。

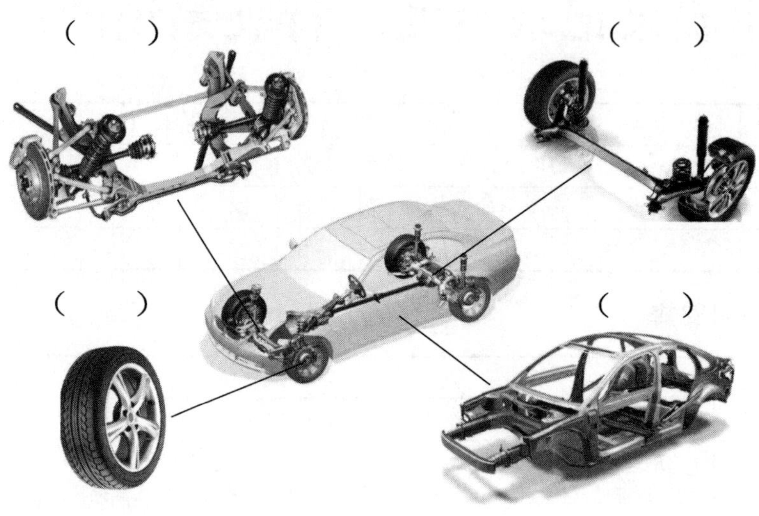

三、任务实施

实施内容	评价标准	完成情况
安全注意事项	熟知实训室安全操作规范和注意事项	完成 □　未完成□
准备工作	清理现场，清点工具	完成 □　未完成□
查找并登记车辆信息	找到合适车辆或部件并征得车主或管理者同意，记录车辆相关信息	完成 □　未完成□
讨论分析行驶系统的功用、构造和工作原理	查阅资料，掌握目标车辆底盘行驶系统的功用、构造、工作原理等，并分析行驶系统的整体运行数据	完成 □　未完成□
规范记录与操作	规范、整洁记录工作成果记录页，并留存工作记录影像资源	完成 □　未完成□
清洁整理整顿	工具设备清洁归位，工作场地清理	完成 □　未完成□

四、任务总结

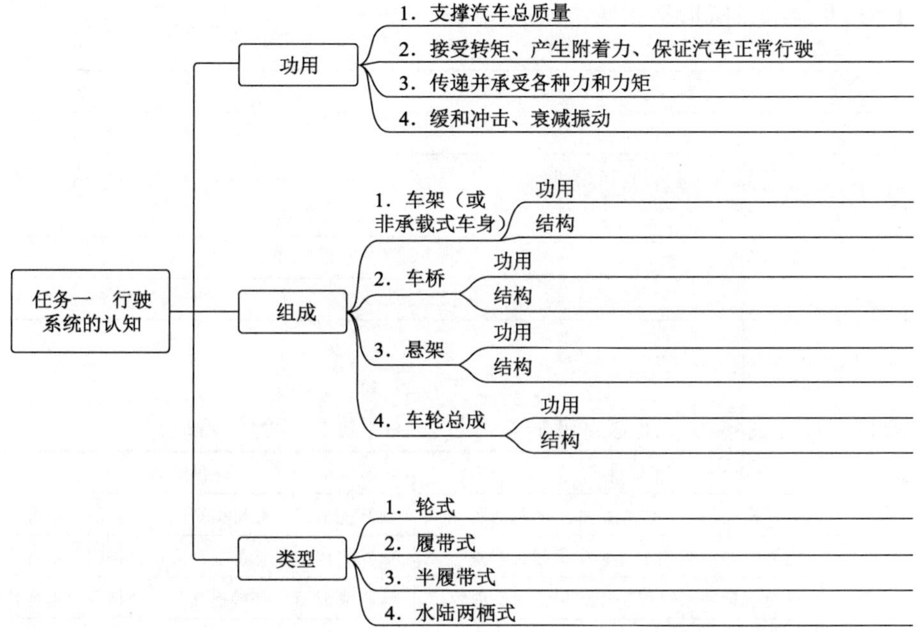

五、任务练习

[填空题]

1. 行驶系统一般由________、________、________、________四部分组成。

2. 行驶系统的基本类型有________、________、________、________和________等几种形式。

3. 车轮通常由________、________、________三部分组成。

4. ________是汽车的________与________或车轮之间的一切传力连接装置的总称。

[判断题（对的打“√”，错的打“×”）]

1. 一般载货汽车的前桥是转向桥，后桥是驱动桥。（　　）
2. 所有汽车的悬架组成都包含有弹性元件。（　　）
3. 减振器与弹性元件是串联安装的。（　　）

[选择题]

1. 采用非独立悬架的汽车，其车桥一般是（　　）。
   A. 断开式　　B. 非断开式　　C. A、B 均有
2. 轿车通常采用（　　）悬架。
   A. 独立式　　B. 非独立式　　C. 平衡式

[问答题]

1. 汽车行驶系统的功用是什么?

____

____

____。

2. 汽车底盘悬架的种类有哪些?

____

____

____。

六、评价反思

通过本任务的学习，反思自己的学习过程，评价自己的学习质量。

评价项目	评价指标	评价结果
专业技能	能够描述轿车行驶系统的组成和功用	认真完成□ 有待提高□ 合格□ 不合格□
	能够解释承载式车身和非承载式车身	认真完成□ 有待提高□ 合格□ 不合格□
	按照质量要求完成工作成果记录页内容	认真完成□ 有待提高□ 合格□ 不合格□
工作态度	工作学习态度端正	认真完成□ 有待提高□ 合格□ 不合格□
	正确查阅维修资料和学习资料	认真完成□ 有待提高□ 合格□ 不合格□
个人反思	对于本任务，个人完成的质量是否达到最佳程度，请提出个人反思和改进建议	个人反思： 改进建议：

个人学习成长记录贴

工作成果记录页十　车架和车桥的认知

项目名称	项目三　汽车底盘行驶系统		
任务名称	任务二　车架和车桥的认知		
团队名称		姓　名	
地　点		日　期	

一、组织安排

实施步骤	实施内容
使用设备	在实训车间或者校园内部找到合适车辆或车架与车桥的部件
组织安排	分好小组→掌握安全注意事项→做好任务分工安排→找到合适的车辆或者车架与车桥的组成部件→征得车主或管理者同意→小组探讨、分析车辆底盘行驶系统车架与车桥的构造、工作原理→组织总结→评价反思→做好工作成果记录页
准备工作	准备好手套、笔记本、手机（负责照相），熟悉实训车间及工作场地安全要求等规章制度，熟悉行驶系统车架与车桥的功用、构造、工作原理等基础知识
团队实施	分好团队，以团队为单元，实施任务

二、信息收集

1. 团队学生查找一辆汽车，作为本次工作成果收集的目标车辆，并详细登记车辆信息。

品　牌		发动机型号	
发动机排量		生产日期	
行驶里程		车辆识别码	

2. 根据本任务并结合车辆信息，回答引导问题。

① 本辆汽车的前桥、后桥类型分别是________________________________。

② 本辆汽车的车身结构类型是________________________________。

③ 本辆汽车的前、后悬架类型是________________________________。

3. 通过查阅资料，完成下列任务。

① 汽车做四轮定位的项目包括哪些？对汽车有什么作用？

____

____

____。

② 查找到两种不同类型的车架结构，并进行对比阐述。

____

____

____。

4. 写出下列行驶系统结构组成的名称。

① 写出下图画线部分车架内结构的名称。

② 写出下图画线部分转向桥内部结构的名称。

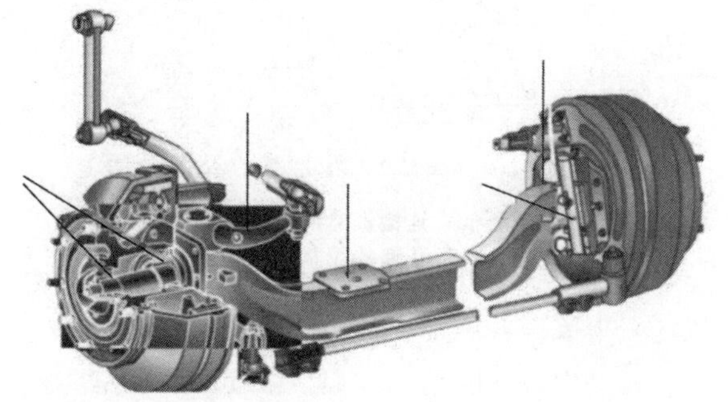

③ 写出下图中四轮定位参数的名称。

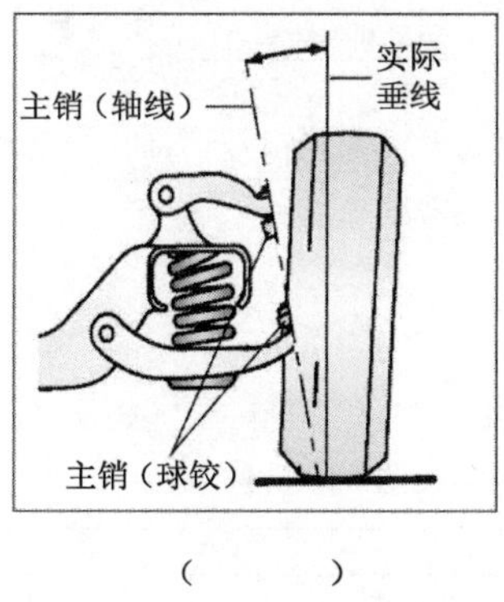

（　　）

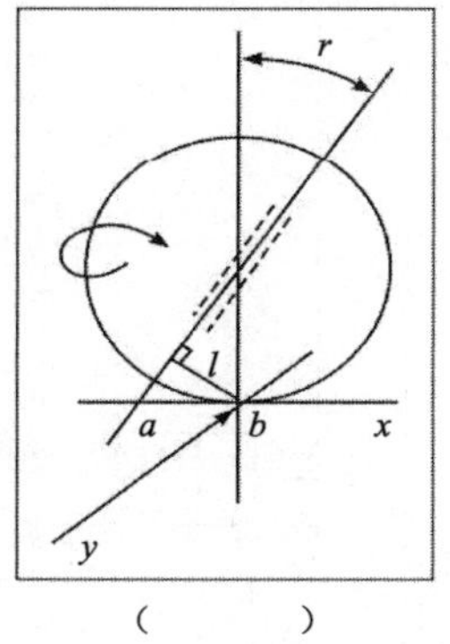

（　　）

三、任务实施

实施内容	评价标准	完成情况
安全注意事项	熟知实训室安全操作规范和注意事项	完成 □ 未完成□
准备工作	清理现场，清点工具	完成 □ 未完成□
查找并登记车辆信息	找到合适车辆或部件并征得车主或管理者同意，记录车辆相关信息	完成 □ 未完成□
讨论分析行驶系统车架与车桥的功用、构造和工作原理	查阅资料，掌握目标车辆底盘行驶系统车架与车桥的功用、构造、工作原理等，并分析车架与车桥的整体运行数据	完成 □ 未完成□
规范记录与操作	规范、整洁记录工作成果记录页，并留存工作记录影像资料	完成 □ 未完成□
清洁整理整顿	工具设备清洁归位，工作场地清理	完成 □ 未完成□

四、任务总结

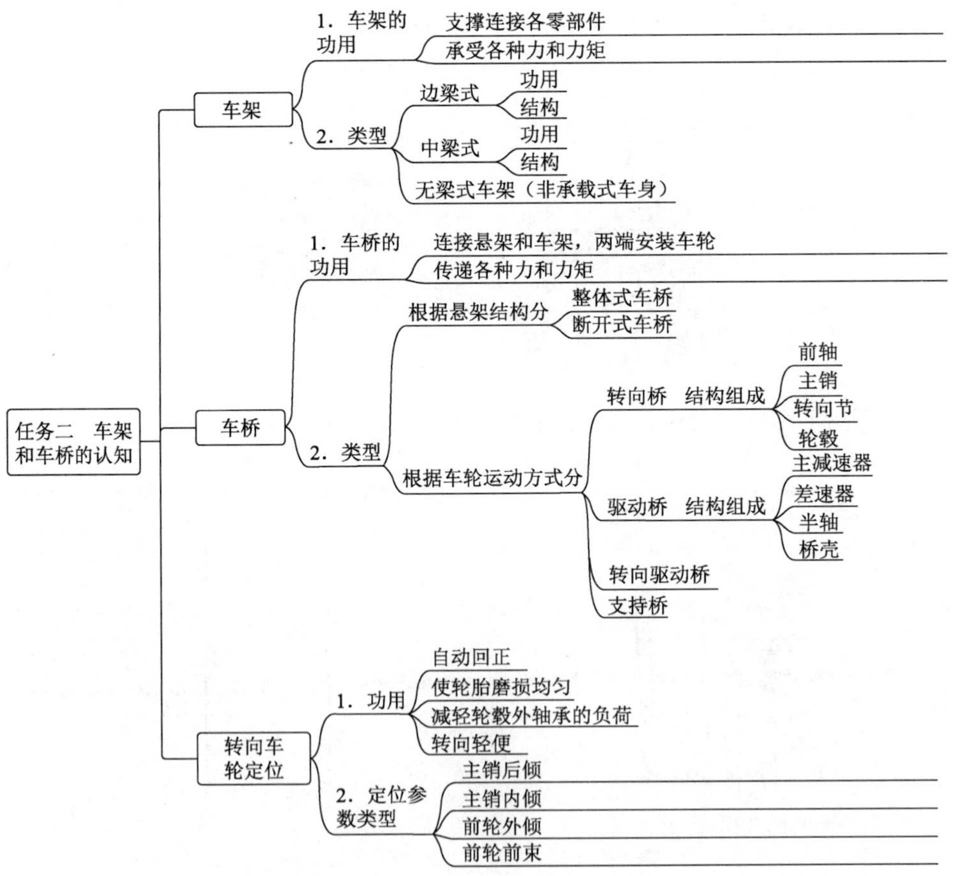

五、任务练习

[填空题]

1. 汽车车架的作用可以概括为两点：________、________汽车各零件总成；二是________车内、车外各种________的作用。

2. 汽车车架的结构形式主要有________、________、________、和________几种形式。

3. ________又称脊梁式车架，它由一根贯穿汽车纵向的________和若干根横向________构成。

4. 车桥通过________与________相连接，两端安装汽车车轮。

5. 安装转向轮的车桥称为________，转向桥主要由________、________、和________四部分组成。

6. 主销安装在________上，其上端略向后倾斜，这种结构形式称为________。

[判断题（对的打“√”，错的打“×”）]

1. 无论何种车型，一般主销后倾角均是不可调的。（　　）
2. 主销后倾角一定都是正值。（　　）
3. 车轮外倾角一定大于零。（　　）
4. 车架是整个汽车的基体，能将行驶系统连接成一个整体。（　　）
5. 车桥两端安装车轮，它通过悬架与车架相连。（　　）

[选择题]

1. 采用非独立悬架的汽车，其车桥一般是（　　）。
   A. 断开式　　B. 整体式
   C. A、B 都不是　　D. A、B 均可

2. 车轮前束是为了调整（　　）所带来的不良后果而设置的。
   A. 主销后倾角　　B. 主销内倾角　　C. 车轮外倾角　　D. 车轮内倾角

3. （　　）具有保证车轮自动回正的作用。
   A. 主销后倾角和主销内倾角　　B. 主销内倾角和车轮外倾角
   C. 车轮外倾角和车轮前束　　D. 车轮前束和主销后倾角

4. 一辆汽车采用非独立式悬架时，车桥中部是刚性的实心或空心架，这种车桥即为（　　）。
   A. 断开式车桥　　B. 独立式车桥
   C. 非独立式车桥　　D. 整体式车桥

5. 根据车桥上车轮的作用，（　　）属于从动桥。
   A. 转向桥和支持桥　　B. 转向桥和转向驱动桥
   C. 驱动桥和支持桥　　D. 支持桥和转向驱动桥

6. 车轮定位中，（　　）可通过改变横拉杆的长度来调整。
   A. 主销后倾　　B. 主销内倾　　C. 前轮外倾　　D. 前轮前束

7. 传统的车轮定位主要是指前轮定位，但越来越多的现代汽车同时对后轮定位（即四轮定位），其中后轮定位参数有（　　）。

A. 主销后倾　　B. 后轮外倾　　C 后轮前束　　D. B、C 都是

[问答题]

1. 简述车架的作用与类型。

____

____

______________________________。

2. 转向桥由哪几部分组成？其作用是什么？

____

____

______________________________。

3. 什么是前轮前束？前轮前束的作用是什么？

____

____

______________________________。

六、评价反思

通过本任务的学习，反思自己的学习过程，评价自己的学习质量。

评价项目	评价指标	评价结果
专业技能	能够描述轿车车桥的结构组成和功用	认真完成□　有待提高□　合格□　不合格□
	能够解释目标车辆的车架结构和功用	认真完成□　有待提高□　合格□　不合格□
	按照质量要求完成工作成果记录页内容	认真完成□　有待提高□　合格□　不合格□
工作态度	工作学习态度端正	认真完成□　有待提高□　合格□　不合格□
	正确查阅维修资料和学习资料	认真完成□　有待提高□　合格□　不合格□
个人反思	对于本任务，个人完成的质量是否达到最佳程度，请提出个人反思和改进建议	个人反思： 改进建议：

个人学习成长记录贴

工作成果记录页十一　悬架的认知

项目名称	项目三　汽车底盘行驶系统		
任务名称	任务三　悬架的认知		
团队名称		姓　　名	
地　　点		日　　期	

一、组织安排

实施步骤	实施内容
使用工具、设备	举升机、实训车辆等
组织安排	分好小组→熟悉悬架的功用→宣读安全注意事项→安全操作举升机并举升实训车辆→确保安全进入车底部→观察悬架结构、类型→描述悬架使汽车稳定运行的工作过程→描述底盘调校对汽车品质的影响→组织总结→评价反思→做好工作成果记录页
准备工作	对实训现场进行安全检查，熟悉实训工作场地，熟练操作举升机，熟悉悬架结构、功用、类型
团队实施	分好团队，以团队为单元，实施任务

二、信息收集

1. 团队学生通过现场查找一辆汽车，作为本次工作成果收集的目标车辆，并详细登记车辆信息。

品　　牌		发动机型号	
发动机排量		行驶里程	
生产日期		车辆识别码	
前悬架类型		后悬架类型	

2. 根据本任务并结合车辆信息，回答引导问题。

① 本辆汽车的悬架下摆臂选用结构是单层冲压件□　双层冲压焊接件□　铸铁件□　铸铝合金件□。

② 本辆汽车使用的减振器类型是________________________________。

3. 通过查阅资料，完成下列任务。

① 汽车底盘悬架对于汽车的行驶稳定性有何影响？

____

____

____。

② 汽车底盘主动悬架与被动悬架的不同之处是什么？

____

____

____。

③ 操作举升机时的注意事项有哪些？

____

____

____。

4. 在下列括号中写出行驶系统结构组成的名称。

① 在括号中写出下图中出现的悬架类型。

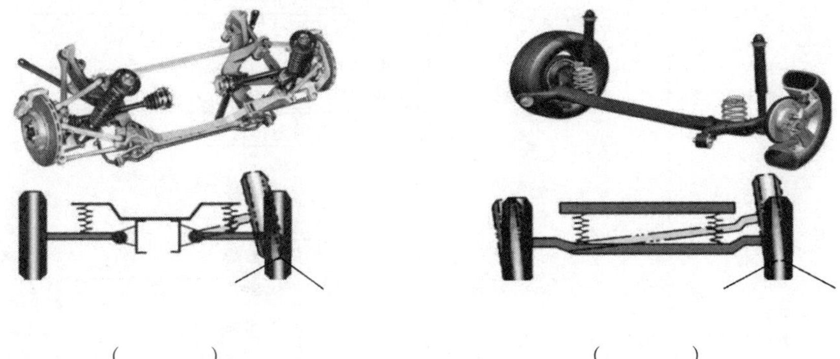

(　　　)　　　　　　　　(　　　)

② 在括号中写出下图中出现的弹性元件的名称。

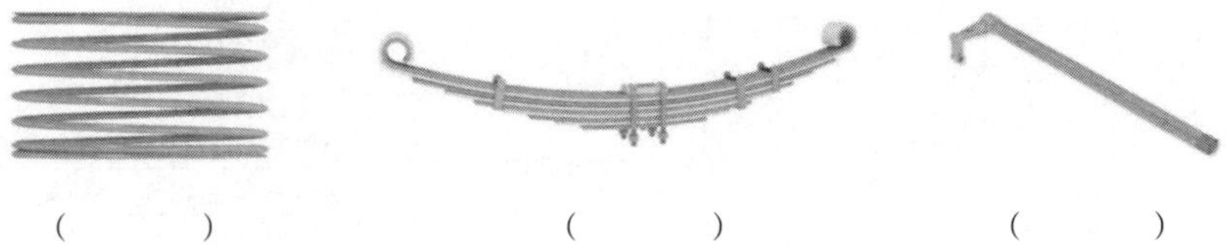

(　　　)　　　　(　　　)　　　　(　　　)

③ 写出下图中画线部分双叉臂式独立悬架的结构名称。

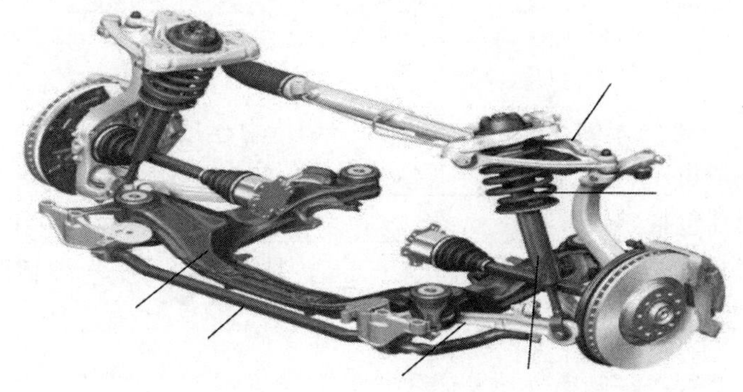

三、任务实施

实施内容	评价标准	完成情况
安全注意事项	熟知实训室安全操作规范和注意事项	完成 □　未完成□
准备工作	清理现场，清点工具，检查举升机设备	完成 □　未完成□
举升车辆	调整好车辆和支臂，使用举升机举升车辆，并安全锁止	完成 □　未完成□
描述悬架类型和结构	观察实训车辆底盘，结合资料，描述悬架的类型和结构	完成 □　未完成□
描述悬架的重要性	结合汽车运动状态，描述悬架对汽车稳定性、安全性的影响	完成 □　未完成□
清洁整理整顿	工具设备清洁归位，工作场地清理	完成 □　未完成□

四、任务总结

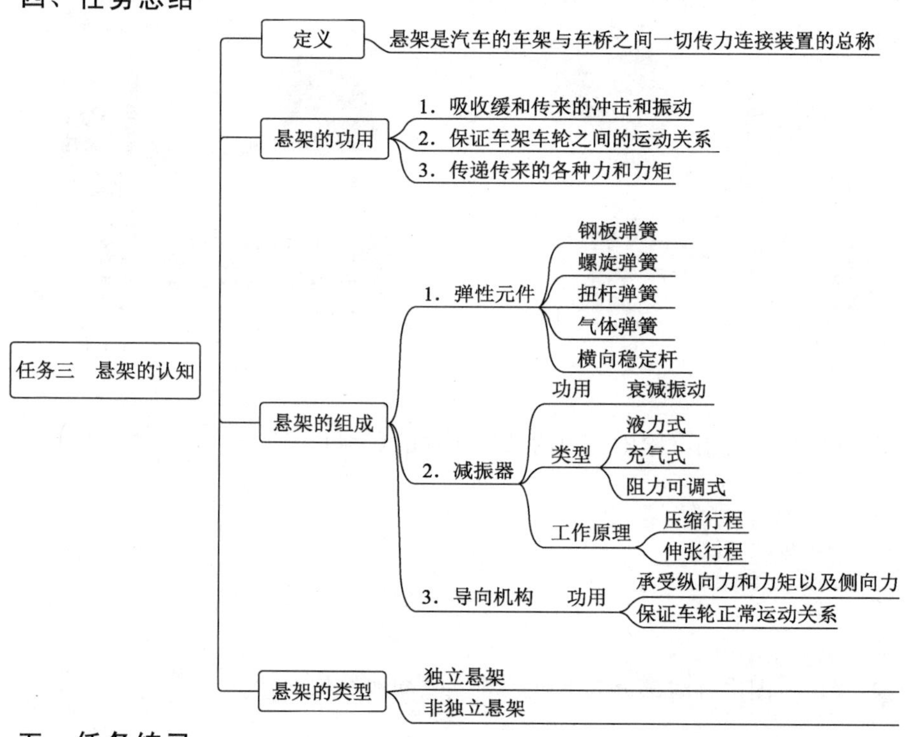

五、任务练习

[填空题]

1. ________是汽车的车架与车桥之间一切传力连接装置的总称。
2. 悬架一般由________、________、________组成。
3. 弹性元件包括________、________、________、________和________等。
4. 横向稳定杆又称________、________，是汽车悬架中一种辅助________。

[判断题（对的打“√”，错的打“×”）]

1. 减振器在汽车行驶中变热是不正常的。　（　　）
2. 在悬架所受的垂直载荷一定时，悬架刚度越小，则悬架的垂直变形越小，汽

车的固有频率越低。 (　　)

3. 减振器与弹性元件是串联安装的。 (　　)

4. 采用扭杆弹簧的悬架的刚度是可变的。 (　　)

[选择题]

1. 一般载货汽车的悬架未设（　　）。

A. 弹性元件　　B. 导向机构　　C. 减振器

2. 独立悬架与（　　）车桥配合。

A. 断开式　　B. 整体式

C. A、B 均可　　D. A、B 均不可

3. 轿车通常采用（　　）悬架。

A. 独立　　B. 非独立　　C. 平衡

[问答题]

1. 简述悬架的组成、功用。

____

____

____。

2. 简述麦弗逊式独立悬架的特点。

____

____

____。

六、评价反思

通过本任务的学习，反思自己的学习过程，评价自己的学习质量。

评价项目	评价指标	评价结果
专业技能	能够描述轿车悬架的结构、功用、类型	认真完成□　有待提高□　合格□　不合格□
	能够解释悬架对汽车稳定性的重要性	认真完成□　有待提高□　合格□　不合格□
	能够遵守实训场地、设备安全操作规范	认真完成□　有待提高□　合格□　不合格□
	按照质量要求完成工作成果记录页内容	认真完成□　有待提高□　合格□　不合格□
工作态度	工作学习态度端正	认真完成□　有待提高□　合格□　不合格□
	正确查阅维修资料和学习资料	认真完成□　有待提高□　合格□　不合格□
	按照计划安排，完成实训	认真完成□　有待提高□　合格□　不合格□
	分工明确，团队协作	认真完成□　有待提高□　合格□　不合格□
个人反思	对于本任务，个人完成的质量是否达到最佳程度，请提出个人反思和改进建议	个人反思： 改进建议：

个人学习成长记录贴

工作成果记录页十二　车轮与轮胎的认知

项目名称	项目三　汽车底盘行驶系统		
任务名称	任务四　车轮与轮胎的认知		
团队名称		姓　　名	
地　　点		日　　期	

一、组织安排

实施步骤	实施内容
使用工具、设备	举升机、实训车辆、扭力扳手、胎压表等
组织安排	1. 准备工作 分好小组→准备并检查工具设备→熟悉车轮总成的结构和功用→宣读安全注意事项。 2. 车轮总成拆装 将实训车辆稳定停在举升机工作区域内→使用扭力扳手拧松车轮紧固螺栓→安全操作举升机并举升实训车辆→拧下车轮轮毂螺栓，并整齐摆放→观察车轮总成结构。 3. 车轮换位 采用循环换位法→左前车轮换到左后位置→右前车轮换到右后位置。 4. 车轮总成安装 按照调换完顺序套上车轮，将螺栓初步拧上→使用举升机，放下汽车→使用扭力扳手，按对角线顺序分 2～3 次拧紧紧固螺栓→按照规定力矩拧紧。 5. 检查车轮 分好小组→准备并检查工具设备（动平衡机）→熟悉动平衡机的操作流程→宣读安全注意事项从实训车辆拆下车轮→检查车轮轮胎表面有无异物并去除→清理轮毂表面，拆除旧平衡块→检查轮胎气压，并充至规定气压。 6. 车轮动平衡实操 选择并安装合适锥桶→将车轮安装到平衡机上→启动平衡机→输入轮辋直径、宽度、测出轮辋边缘→放下防护罩→按下启动开关→动平衡测验。 7. 安装平衡块 车轮停止转动→读出车轮内外不平衡数值→抬起防护罩→旋转车轮，直到动平衡机发出指示信号→踩制动踏板，确定位置→根据不平衡量，在轮辋内外侧上部边缘加装平衡块（内外侧要分别进行，平衡块要安装牢固）→再次启动平衡机，进行动平衡测验→直至机器显示“0　0”→取下车轮，关闭电源。 8. 清理总结 清理现场→组织总结→评价反思→做好工作成果记录页

续表

实施步骤	实施内容
准备工作	对实训现场进行安全检查，熟悉实训场地，熟练操作举升机，熟悉车轮拆装过程，熟悉动平衡机的使用
团队实施	分好团队，以团队为单元，实施任务

二、信息收集

1. 团队学生通过现场查找一辆汽车，作为本次工作成果收集的目标车辆，并详细登记车辆信息。

品　　牌		发动机型号	
车辆识别码		轮胎品牌	
轮胎标识		轮胎生产日期	
轮胎气压/MPa	左前轮（　　）　左后轮（　　）　右前轮（　　）　右后轮（　　）		

2. 根据本任务并结合车辆信息，回答引导问题。

① 本辆汽车车轮选用的类型是 辐板式□　辐条式□ 。

② 本辆汽车车轮选用的材质是 铸钢□　铸铝□ 。

③ 本辆汽车车轮选用的备胎类型是 全尺寸□　非全尺寸□ 。

3. 通过查阅资料，完成下列任务。

① 钢制车轮与铝制车轮的区别有哪些？

____

____

____。

② 轮胎使用需要注意什么？为什么要进行轮胎调换？

____

____

____。

③ 操作举升机时的注意事项有哪些？

____

____

____。

④ 车轮平衡块的种类有哪些？其作用是什么？

____

____

____。

⑤ 车轮动不平衡对汽车有什么后果？

____

____

____。

⑥ 操作动平衡机时的注意事项有哪些？

____

____

____。

4. 写出行驶系统结构组成的名称。

① 写出下图画线部分轮胎部件的名称。

② 写出下图画线部分轮胎规格代号的含义。

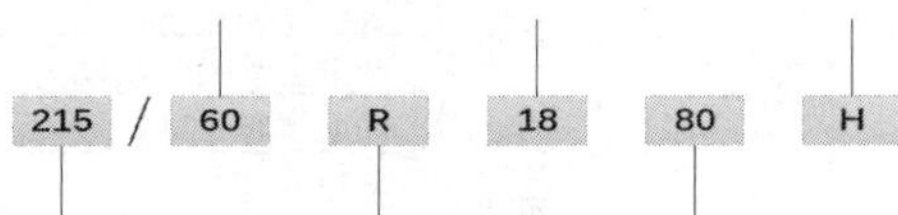

③ 写出下图画线部分车轮部件的名称。

④ 在下图括号中写出按照不同轮辐结构分类的轮辐名称。

（　　　）

（　　　）

三、任务实施

实施内容	评价标准	完成情况
安全注意事项	熟知实训室安全操作规范和注意事项	完成 □　未完成□
准备工作	清理现场，清点工具，检查举升机设备和动平衡机设备	完成 □　未完成□
熟悉车轮拆装过程	查看教材，掌握车轮拆装与调换实操过程	完成 □　未完成□

续表

实施内容	评价标准	完成情况
拧松车轮紧固螺栓	使用扭力扳手，拧松车轮紧固螺栓	完成 □　未完成□
举升车辆	调整好车辆和支臂，使用举升机举升车辆，并安全锁止	完成 □　未完成□
拆下车轮并调换	依次拆下车轮，并进行车轮调换	完成 □　未完成□
安装车轮	使用扭力扳手依次，对角线拧上紧固螺栓	完成 □　未完成□
拧紧螺栓	降下车辆，使用扭力扳手对角线拧紧紧固螺栓	完成 □　未完成□
熟悉车轮检查过程	对车轮进行胎面、胎压检测与清洁工作	完成 □　未完成□
熟悉动平衡测试过程	查看资料，掌握动平衡机实操过程	完成 □　未完成□
熟练拆装平衡块	根据显示信息，掌握平衡点的确定和平衡块的拆装过程	完成 □　未完成□
清洁整理整顿	工具设备清洁归位，工作场地清理	完成 □　未完成□

四、任务总结

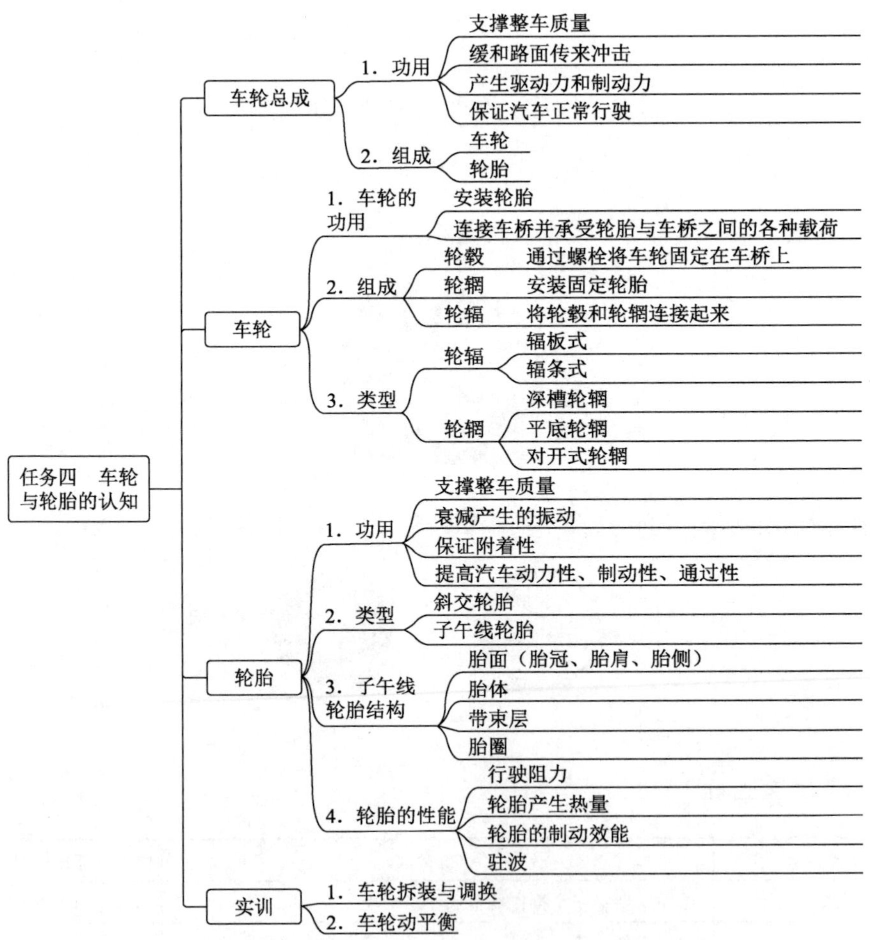

五、任务练习

[填空题]

1. 汽车车轮总成由________和________两大部分组成。
2. 车轮一般由________、________和________组成。
3. 按照轮辐的结构不同，车轮可分为________车轮和________车轮。

[判断题（对的打“√”，错的打“×”）]

1. 任何轮胎都没有速度限制。（ ）
2. 轮胎只要花纹深度足够就可以一直使用。（ ）
3. 经常使用紧急制动会加速轮胎磨损。（ ）
4. 车轮总成调换可使胎面磨损均匀，可充分合理地使用轮胎。（ ）

[选择题]

1. 轮胎提供减振功能的部位是（ ）。
   A. 胎边部　B. 胎冠部　C. 胎肩部
2. 如果车轮的前束调整不当，容易引起车胎的磨损特征是（ ）。
   A. 轮胎单侧胎肩磨损严重　B. 车胎胎冠表面有羽状横纹
   C. 车胎两侧胎肩都磨损严重　D. 车胎胎圈会磨损严重

[问答题]

简述车轮与轮胎的作用和基本组成。

____

____

____。

六、评价反思

通过本任务的学习，反思自己的学习过程，评价自己的学习质量。

评价项目	评价指标	评价结果
专业技能	能够描述车轮总成的结构、功用、类型	认真完成□　有待提高□　合格□　不合格□
	能正确使用举升机和扭力扳手，从汽车上拆下与装上车轮	认真完成□　有待提高□　合格□　不合格□
	能正确描述车轮总成调换的方式和重要性	认真完成□　有待提高□　合格□　不合格□
	能正确使用动平衡机，并进行动平衡试验	认真完成□　有待提高□　合格□　不合格□
	能正确描述车轮动平衡的重要性	认真完成□　有待提高□　合格□　不合格□
	能够遵守实训场地、设备安全操作规范	认真完成□　有待提高□　合格□　不合格□
	按照质量要求完成工作成果记录页内容	认真完成□　有待提高□　合格□　不合格□
工作态度	工作学习态度端正	认真完成□　有待提高□　合格□　不合格□
	正确查阅维修资料和学习资料	认真完成□　有待提高□　合格□　不合格□

续表

评价项目	评价指标	评价结果
工作态度	按照计划安排，完成实训	认真完成□　有待提高□　合格□　不合格□
	分工明确，团队协作	认真完成□　有待提高□　合格□　不合格□
个人反思	对于本任务，个人完成的质量是否达到最佳程度，请提出个人反思和改进建议	个人反思： 改进建议：

个人学习成长记录贴

工作成果记录页十三　盘式制动器的拆装

项目名称	项目四　汽车底盘制动系统		
任务名称	任务一　盘式制动器的拆装		
团队名称		姓　　名	
地　　点		日　　期	

一、组织安排

实施步骤	实施内容
使用工具、设备	举升机、实训车辆、世达工具一套、轮胎扳手一个、游标卡尺等
组织安排	1. 举升实训车辆并拆除汽车前桥车轮 分好小组→熟悉拆装车轮和制动器的过程→宣读安全注意事项→使用车轮扳手拧松车轮→安全操作举升机并举升实训车辆离地 40 cm→使用轮胎扳手拆卸前桥车轮，并摆放整齐。 2. 拆装盘式制动器并测量 使用世达工具拧松导向销螺母→拆下制动钳体→取出制动摩擦块→使用游标卡尺测量制动摩擦块厚度并记录→观察盘式制动器结构→描述盘式制动器工作原理→按照逆顺序装回制动块、制动钳体→装回车轮→降下实训车辆→现场整理 3. 清理总结 清洁现场→组织总结→评价反思→做好工作成果记录页
准备工作	对实训现场进行安全检查，熟练操作举升机，熟练使用工具拆装车轮和制动器
团队实施	分好团队，以团队为单元，实施任务

二、信息收集

1. 团队学生通过现场查找一辆汽车，作为本次工作成果收集的目标车辆，并详细登记车辆信息。

品　　牌		发动机型号	
车辆识别码		制动液液位检查	正常□　　异常□
行驶里程		蓄电池电压	
轮胎气压/MPa	左前轮（　　）　左后轮（　　）	右前轮（　　）	右后轮（　　）

2. 根据本任务、并结合实训车辆信息，回答引导问题。

① 本辆汽车前桥制动器选用的类型是<u>盘式制动器□　鼓式制动器□</u>。

② 本辆汽车的盘式制动器类型是<u>实心制动盘□　通风制动盘□</u>。

③ 本辆汽车的制动液类型是 DOT2□ DOT3□ DOT4□ DOT5□ 。

3. 通过查阅资料，完成下列任务。

① 汽车制动系统中，真空助力器的功用是什么？

____

____

____。

② 盘式制动器的优点和缺点有哪些？

____

____

____。

③ 操作举升机时的注意事项有哪些？

____

____

____。

4. 写出制动系统结构组成的名称。

① 写出下图画线部分盘式制动器的结构名称。

② 在下图横线处写出该结构的名称，并将实训中其厚度测量值写在横线处。

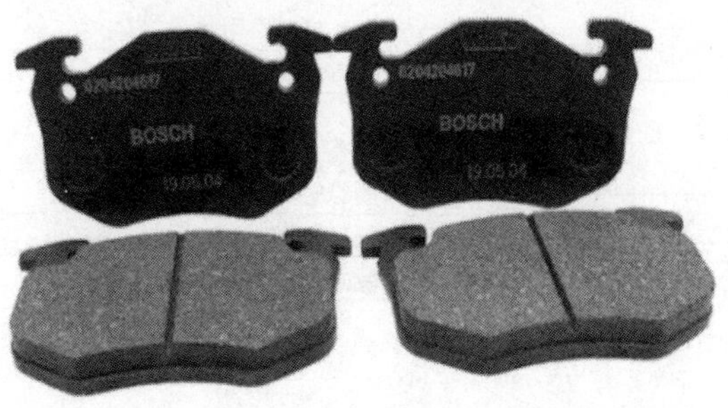

结构名称：____________

测量其厚度（单位为 mm）：左部车轮内侧制动块________；左部车轮外侧制动块________；右部车轮内侧制动块________； 右部车轮外侧制动块________。

三、任务实施

实施内容	评价标准	完成情况
安全注意事项	熟知实训室安全操作规范和注意事项	完成 □ 未完成□
准备工作	清理现场，清点工具，检查举升机	完成 □ 未完成□
举升车辆	安全使用举升机并举升车辆，拆卸车轮	完成 □ 未完成□
拆装制动器	拆卸盘式制动器并使用游标卡尺测量制动块厚度	完成 □ 未完成□
安装	熟悉制动器结构和工作原理并安装制动器和车轮	完成 □ 未完成□
清洁整理整顿	工具设备清洁归位，工作场地清理	完成 □ 未完成□

四、任务总结

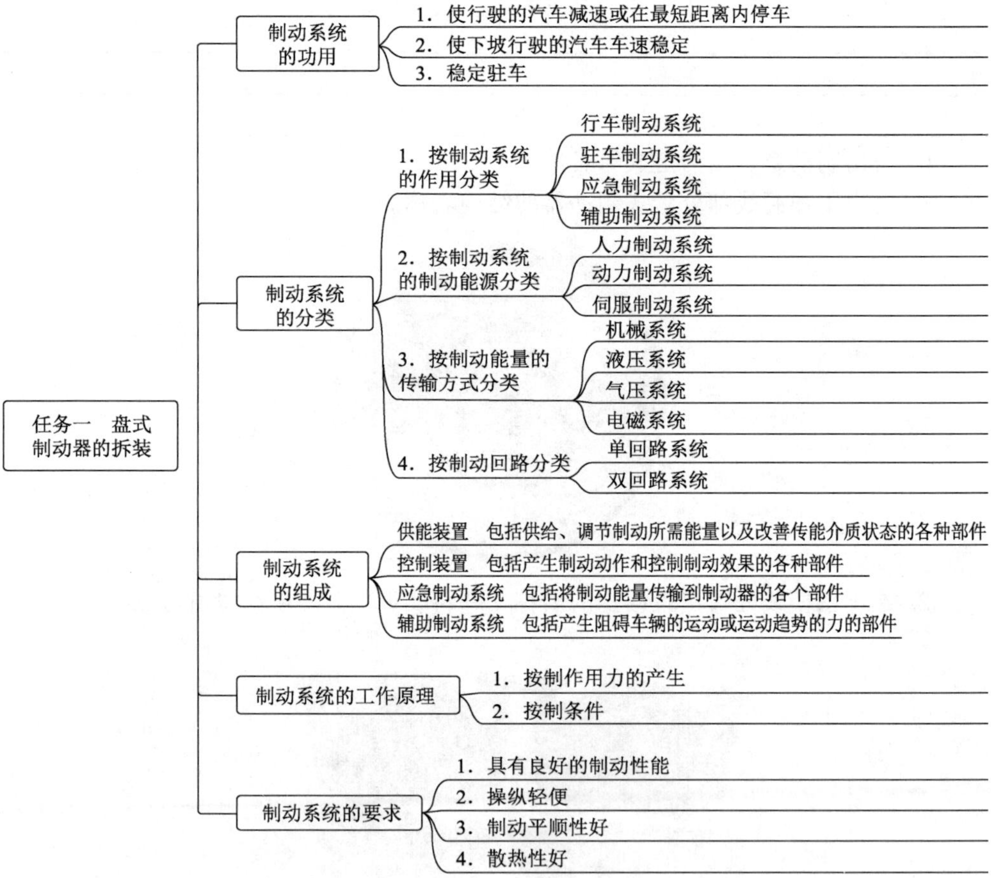

- 任务一 盘式制动器的拆装
  - 制动系统的功用
    - 1．使行驶的汽车减速或在最短距离内停车
    - 2．使下坡行驶的汽车车速稳定
    - 3．稳定驻车
  - 制动系统的分类
    - 1．按制动系统的作用分类
      - 行车制动系统
      - 驻车制动系统
      - 应急制动系统
      - 辅助制动系统
    - 2．按制动系统的制动能源分类
      - 人力制动系统
      - 动力制动系统
      - 伺服制动系统
    - 3．按制动能量的传输方式分类
      - 机械系统
      - 液压系统
      - 气压系统
      - 电磁系统
    - 4．按制动回路分类
      - 单回路系统
      - 双回路系统
  - 制动系统的组成
    - 供能装置 包括供给、调节制动所需能量以及改善传能介质状态的各种部件
    - 控制装置 包括产生制动动作和控制制动效果的各种部件
    - 应急制动系统 包括将制动能量传输到制动器的各个部件
    - 辅助制动系统 包括产生阻碍车辆的运动或运动趋势的力的部件
  - 制动系统的工作原理
    - 1．按制作用力的产生
    - 2．按制条件
  - 制动系统的要求
    - 1．具有良好的制动性能
    - 2．操纵轻便
    - 3．制动平顺性好
    - 4．散热性好

五、任务练习

[填空题]

1. ________是使停驶的汽车驻留原地不动。

2. ________是使行驶中的汽车减速或停车。

3. 汽车制动系统一般由________、________、________、________几个部分组成。

4. ________是产生阻碍车辆的运动或运动趋势的力的部件。

5. 制动效能的评价指标有________、________、________和________。

6. 制动平顺性好是指________能迅速而平稳地________，也能迅速而彻底地________。

[判断题（对的打“√”，错的打“×”）]

1. 制动力一定是外力。（ ）

2. 挂车制动应比驻车制动略早。（ ）

3. 在制动系统中，驾驶员的肌体不仅作为控制能源，还作为部分制动能源。（ ）

4. 汽车制动的最佳状态是出现完全抱死的滑移现象。（ ）

5. 车轮抱死时将导致制动时汽车稳定性变差。（ ）

[选择题]

1. 当滑移率为100%时，横向附着系数降为（ ）。

A. 100%　B. 50%　C. 0

2. 在汽车制动过程中当车轮抱死滑移时，路面对车轮的侧向力（ ）。

A. 大于零　B. 小于零　C. 等于零

3. 在汽车制动过程中，如果只是前轮制动到抱死滑移而后轮还在滚动，则汽车可能（ ）。

A. 失去转向性能　B. 甩尾　C. 正常转向

[问答题]

1. 简述汽车制动系统的作用及对制动系统的设计要求。

____

____

______________________________。

2. 汽车制动系统的基本组成包括哪些？

____

____

______________________________。

六、评价反思

通过本任务的学习，反思自己的学习过程，评价自己的学习质量。

评价项目	评价指标	评价结果
专业技能	能够描述制动系统的组成、功用、类型	认真完成□ 有待提高□ 合格□ 不合格□
	能正确使用举升机并举升车辆	认真完成□ 有待提高□ 合格□ 不合格□
	能正确拆装车轮，并摆放整齐	认真完成□ 有待提高□ 合格□ 不合格□
	能正确拆装盘式制动器，并测量制动块厚度	认真完成□ 有待提高□ 合格□ 不合格□
	能够遵守实训场地、设备安全操作规范	认真完成□ 有待提高□ 合格□ 不合格□
	按照质量要求完成工作成果记录页内容	认真完成□ 有待提高□ 合格□ 不合格□
工作态度	工作学习态度端正	认真完成□ 有待提高□ 合格□ 不合格□
	正确查阅维修资料和学习资料	认真完成□ 有待提高□ 合格□ 不合格□
	按照计划安排，完成实训	认真完成□ 有待提高□ 合格□ 不合格□
	分工明确，团队协作	认真完成□ 有待提高□ 合格□ 不合格□
个人反思	对于本任务，个人完成的质量是否达到最佳程度，请提出个人反思和改进建议	个人反思： 改进建议：

个人学习成长记录贴

工作成果记录页十四　鼓式制动器的拆装

项目名称	项目四　汽车底盘制动系统		
任务名称	任务二　鼓式制动器的拆装		
团队名称		姓　　名	
地　　点		日　　期	

一、组织安排

实施步骤	实施内容
使用工具、设备	举升机、实训车辆、世达一套、轮胎扳手一个、游标卡尺等
组织安排	1. 举升实训车辆并拆除汽车后桥车轮 分好小组→熟悉拆装车轮和制动器的过程→宣读安全注意事项→使用车轮扳手拧松车轮→安全操作举升机并举升实训车辆离地 40 cm→使用轮胎扳手拆卸后桥车轮，并摆放整齐。 2. 拆装鼓式制动器并测量 使用世达工具拧下制动鼓鼓面螺钉→拆下制动鼓→使用游标卡尺测量制动鼓内径并记录→使用游标卡尺测量制动摩擦片厚度并记录→观察鼓式制动器结构→描述鼓式制动器工作原理→按照逆序装回制动鼓→装回车轮→降下实训车辆→现场整理。 3. 清理总结 清洁现场→组织总结→评价反思→做好工作成果记录页
准备工作	对实训现场进行安全检查，熟练操作举升机，熟练使用工具拆装车轮和制动器
团队实施	分好团队，以团队为单元，实施任务

二、信息收集

1. 团队学生通过现场查找一辆汽车，作为本次工作成果收集的目标车辆，并详细登记车辆信息。

品　　牌		发动机型号		
车辆识别码		制动液液位检查	正常□	异常□
行驶里程		蓄电池电压		
轮胎气压/MPa	左前轮（　　）	左后轮（　　）	右前轮（　　）	右后轮（　　）

2. 根据本任务并结合车辆信息，回答引导问题。

① 本任务车辆后桥制动器选用的类型是<u>盘式制动器□　鼓式制动器□</u>。

② 本任务车辆的鼓式制动器类型是<u>双活塞轮缸□　单活塞轮缸□</u>。

③ 本任务车辆的制动液类型是 DOT2□　DOT3□　DOT4□　DOT5□ 。

3. 通过查阅资料，完成下列任务。

①汽车的制动系统中，驻车制动系统的功用是什么？

____

____

____。

② 鼓式制动器的优点和缺点有哪些？

____

____

____。

③ 操作举升机时的注意事项有哪些？

____

____

____。

4. 写出图中结构组成的名称及相关信息。

① 在下图直线端部写出鼓式制动器的结构名称。

② 在下图横线处写出该结构名称，并将实训中其内径测量值写入横线处。

结构名称：______________。

测量其内径（单位为 mm）：左部________；右部________。

③ 在下图横线处写出该结构名称，并将实训中其厚度测量值写入横线处。

结构名称：______________。

测量其厚度（单位为 mm）：左部车轮领蹄________；左部车轮从蹄________；右部车轮领蹄________；右部车轮从蹄________。

三、任务实施

实施内容	评价标准	完成情况
安全注意事项	熟知实训室安全操作规范和注意事项	完成 □ 未完成□
准备工作	清理现场，清点工具，检查举升机	完成 □ 未完成□
举升车辆	安全使用举升机并举升车辆，拆卸车轮	完成 □ 未完成□
拆装制动器	拆装鼓式制动器并使用游标卡尺测量制动鼓、制动摩擦片的厚度	完成 □ 未完成□
安装	熟悉制动器结构和工作原理并安装制动器和车轮	完成 □ 未完成□
清洁整理整顿	工具设备清洁归位，工作场地清理	完成 □ 未完成□
团队汇报	结合实训，小组汇报鼓式制动器拆装的实训学习成果	完成 □ 未完成□

四、任务总结

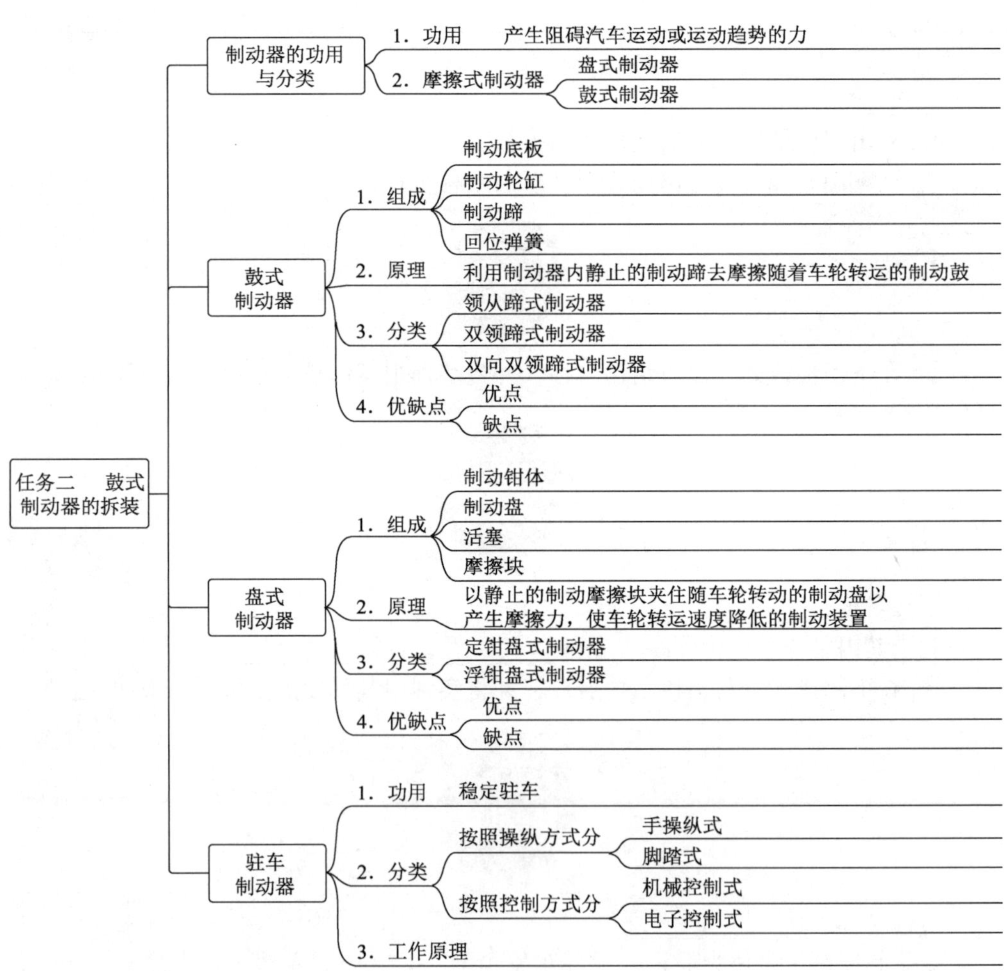

五、任务练习

[填空题]

1. ________的制动鼓内圆柱面就是制动装置产生________的位置。

2. 汽车所使用的________的制动力矩都是来源于________和________工作表面间的摩擦。

3. 鼓式制动器是由________、________、________、________等部分组成的。

[判断题（对的打“√”，错的打“×”）]

1. 最佳的制动状态是车轮完全被抱死而发生滑移时。（　　）

2. 一些简单非平衡式车轮制动器的领蹄摩擦片比从蹄摩擦片长，是为了增大领蹄与制动鼓的摩擦力矩。（　　）

3. 双领蹄式和双向双领蹄式制动器属于平衡式车轮制动器。（　　）

4. 双向双领蹄式制动器在汽车前进或后退时，制动几乎相等。（　　）

5. 只要增大制动管路内的制动压力，就可加大制动器的制动力矩。（　　）

[选择题]

1. 盘式制动器摩擦块的磨损极限值为（　　）。

A. 5 mm　　B. 6 mm　　C. 7 mm　　D. 8 mm

2. 制动蹄和制动鼓间隙的测量点应在蹄片的（　　）。

A. 两端　　B. 中间　　C. 距离端面 20～30 mm

3. （　　）制动器是非平衡式制动器。

A. 领从蹄式　　B. 单向双领蹄式　　C. 双向双领蹄式　　D. 双从蹄式

[问答题]

为什么有些汽车制动系统采用前盘后鼓的制动器布置方式？

____

____。

六、评价反思

通过本任务的学习，反思自己的学习过程，评价自己的学习质量。

评价项目	评价指标	评价结果
专业技能	能够描述制动系统的组成、功用、类型	认真完成□　有待提高□　合格□　不合格□
	能正确使用举升机，并举升车辆	认真完成□　有待提高□　合格□　不合格□
	能正确拆装车轮，并摆放整齐	认真完成□　有待提高□　合格□　不合格□
	能正确拆装鼓式制动器，并测量制动鼓内径和制动蹄片厚度	认真完成□　有待提高□　合格□　不合格□
	能够遵守实训场地、设备安全操作规范	认真完成□　有待提高□　合格□　不合格□
	按照质量要求完成工作成果记录页内容	认真完成□　有待提高□　合格□　不合格□

续表

评价项目	评价指标	评价结果
工作态度	工作学习态度端正	认真完成□　有待提高□　合格□　不合格□
	正确查阅维修资料和学习资料	认真完成□　有待提高□　合格□　不合格□
	按照计划安排，完成实训	认真完成□　有待提高□　合格□　不合格□
	分工明确，团队协作	认真完成□　有待提高□　合格□　不合格□
个人反思	对于本任务，个人完成的质量是否达到最佳程度，请提出个人反思和改进建议	个人反思： 改进建议：

个人学习成长记录贴

工作成果记录页十五　制动传动装置的认知

项目名称	项目四　汽车底盘制动系统		
任务名称	任务三　制动传动装置的认知		
团队名称		姓　　名	
地　　点		日　　期	

一、组织安排

实施步骤	实施内容
使用工具、设备	举升机、实训车辆、世达一套、轮胎扳手一个、塑料接油壶、制动油液、软管等
组织安排	1. 举升实训车辆并拆除汽车车轮 分好小组→熟悉拆装车轮的过程→宣读安全注意事项→使用车轮扳手拧松车轮→安全操作举升机并举升实训车辆离地 30 cm→使用轮胎扳手拆卸车轮，并摆放整齐。 2．排空气 安排一名成员进入驾驶室→安排另一名成员在左后车轮处→使用软管连接左后车轮放气螺塞接口→将软管出口连接接油塑料壶壶底部→在机舱内部打开制动储液壶盖子→添加制动液→连续踩下制动踏板→使用工具拧松放气螺塞→用软管导流制动液到壶底（注意：一直保持软管出口浸没在制动液最下方，以免空气被吸入软管进入制动系统管路）→拧紧放气螺塞→连续以上操作，依次完成右后—左前—右前车轮制动器的排空气，与此同时不断往制动液壶添加制动液，直至软管内排出新油液为止→拧紧放气螺塞和制动液壶盖子→安装车轮→降下实训车辆→现场整理。 3．清理总结 清洁现场→组织总结→评价反思→做好工作成果记录页
准备工作	对实训现场进行安全检查，熟练操作举升机，熟练使用工具拆装车轮
团队实施	分好团队，以团队为单元，实施任务

二、信息收集

1. 团队学生通过现场查找一辆汽车，作为本次工作成果收集的目标车辆，并详细登记车辆信息。

品　　牌		发动机型号		
车辆识别码		制动液液位检查	正常□	异常□
行驶里程		蓄电池电压		
轮胎气压/MPa	左前轮（　　）	左后轮（　　）	右前轮（　　）	右后轮（　　）

2. 根据本任务并结合车辆信息，回答引导问题。

① 本任务车辆后桥制动器选用的类型是 盘式制动器□　鼓式制动器□ 。

② 本任务车辆的制动液类型是 DOT2□　DOT3□　DOT4□　DOT5□。

3. 通过查阅资料，完成下列任务。

① 汽车制动液的主要特性有哪些？

____

____

____。

② 汽车的制动液对汽车制动系统有什么功用，多长时间更换一次？

____

____

____。

③ 操作举升机时的注意事项有哪些？

____

____

____。

4. 在下图横线处写出制动系统的结构名称。

部件 1__________，部件 2__________，部件 3__________，部件 4__________。

三、任务实施

实施内容	评价标准	完成情况
安全注意事项	熟知实训室安全操作规范和注意事项	完成 □　未完成□
准备工作	清理现场，清点工具，检查举升机	完成 □　未完成□
举升车辆	安全使用举升机并举升车辆，拆卸车轮	完成 □　未完成□
排空气	正确操作液压制动系统排空气的流程，并及时添加新制动液	完成 □　未完成□
安装	熟悉制动液运动轨迹并安装车轮	完成 □　未完成□
清洁整理整顿	工具设备清洁归位，工作场地清理	完成 □　未完成□
团队汇报	结合实训，小组汇报排空气和添加新制动液的实训学习成果	完成 □　未完成□

四、任务总结

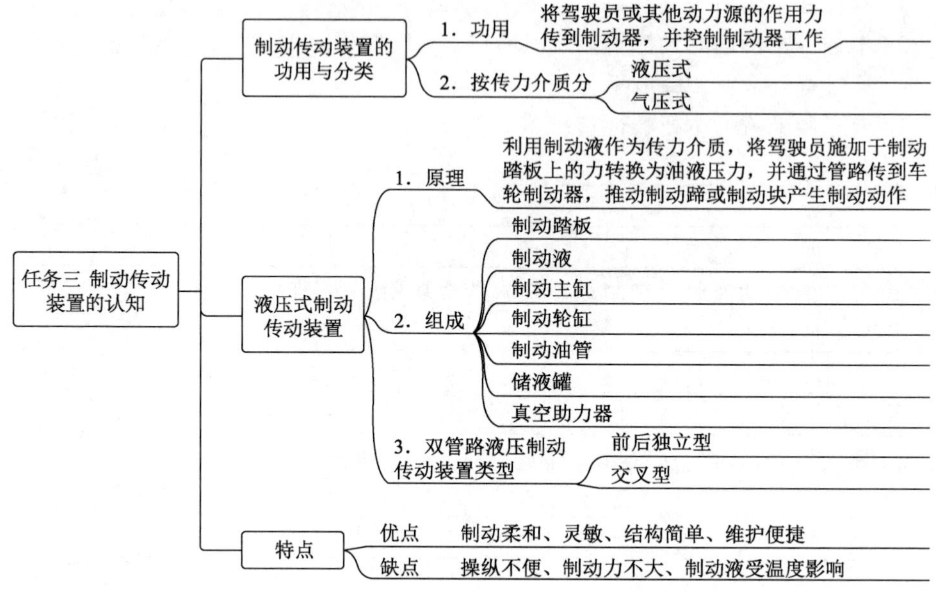

五、任务练习

[填空题]

1. 按照传力介质不同，制动传动装置有__________、__________两种类型。
2. 制动主缸的作用是将__________输入的__________转换成液压能。
3. __________一般装在制动主缸上方，与制动主缸工作腔__________。
4. 制动主缸装在________舱内，与装在车轮附近的________之间用________互相连通。

[判断题（对的打“√”，错的打“×”）]

1. 制动踏板自由行程过大，会造成制动不灵。（　）
2. 液压制动系统主缸出油阀损坏，会使制动系统不灵。（　）
3. 制动系统放气，先从离主缸最远处开始。（　）

[问答题]

车辆在制动时候出现跑偏，应该怎么去检查修理？

____

____

____。

六、评价反思

通过本任务的学习，反思自己的学习过程，评价自己的学习质量。

评价项目	评价指标	评价结果
专业技能	能够描述制动传动装置的组成、功用	认真完成□　有待提高□　合格□　不合格□
	能正确使用举升机，并举升车辆	认真完成□　有待提高□　合格□　不合格□
	能正确拆装车轮，并摆放整齐	认真完成□　有待提高□　合格□　不合格□
	能互相配合，排出空气并添加制动液	认真完成□　有待提高□　合格□　不合格□
	能够遵守实训场地、设备安全操作规范	认真完成□　有待提高□　合格□　不合格□
	按照质量要求完成工作成果记录页内容	认真完成□　有待提高□　合格□　不合格□
工作态度	工作学习态度端正	认真完成□　有待提高□　合格□　不合格□
	正确查阅维修资料和学习资料	认真完成□　有待提高□　合格□　不合格□
	按照计划安排，完成实训	认真完成□　有待提高□　合格□　不合格□
	分工明确，团队协作	认真完成□　有待提高□　合格□　不合格□
个人反思	对于本任务，个人完成的质量是否达到最佳程度，请提出个人反思和改进建议	个人反思： 改进建议：

个人学习成长记录贴

工作成果记录页十六　防抱死制动系统的认知

项目名称	项目四　汽车底盘制动系统		
任务名称	任务四　防抱死制动系统的认知		
团队名称		姓　名	
地　点		日　期	

一、组织安排

实施步骤	实施内容
使用工具、设备	举升机、实训车辆等
组织安排	分好小组→熟悉防抱死制动系统的功用→宣读安全注意事项→安全操作举升机并举升实训车辆→确保安全进入车底部→观察防抱死制动系统的结构、类型→描述防抱死制动系统使汽车安全制动的工作过程→描述防抱死制动系统对汽车行车品质的影响→组织总结→评价反思→做好工作成果记录页
准备工作	对实训现场进行安全检查，熟悉实训工作场地，熟练操作举升机，熟悉防抱死制动系统的结构、功用、类型
团队实训	分好团队，以团队为单元，实施任务

二、信息收集

1. 团队学生通过现场查找一辆汽车，作为本次工作成果收集的目标车辆，并详细登记车辆信息。

品　牌		发动机型号	
车辆识别码		行驶里程	
制动系统类型	液压制动□　气压制动□	有无 ABS 系统	安装□　未安装□

2. 根据本任务并结合车辆信息，回答引导问题。

① 本辆汽车轮速传感器选用的类型是<u>电磁式轮速传感器□　霍尔式轮速传感器□</u>。

② 本辆汽车前桥制动器的类型是<u>盘式制动器□　鼓式制动器□</u>。

③ 本辆汽车后桥制动器的类型是<u>盘式制动器□　鼓式制动器□</u>。

3. 通过查阅资料，完成下列任务。

查阅资料，简述 ABS 制动系统的作用和组成结构。

____

____。

4. 下图是典型三位电磁阀循环式液压装置的工作过程，结合 ABS 系统的工作过程，在括号中写出此时调节装置是哪一种工作过程。

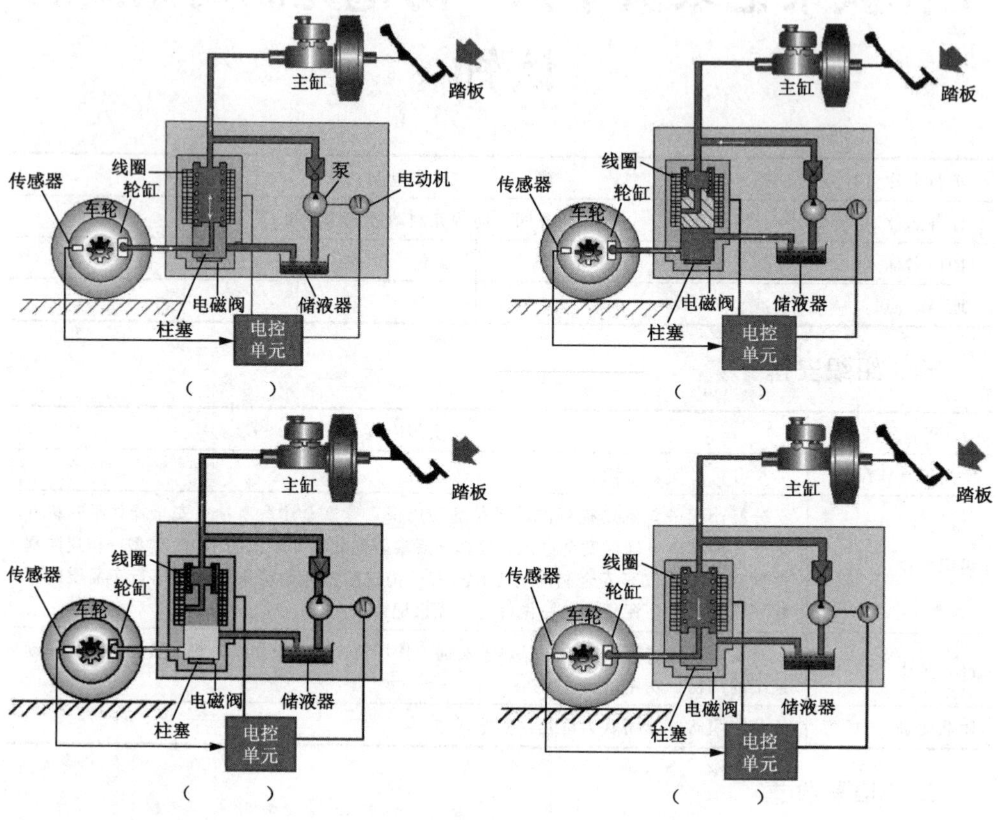

三、任务实施

实施内容	评价标准	完成情况
安全注意事项	熟知实训室安全操作规范和注意事项	完成 □　未完成□
准备工作	清理现场，清点工具	完成 □　未完成□
查找登记车辆信息	找到合适车辆或 ABS 台架并征得同意，记录相关信息	完成 □　未完成□
讨论分析 ABS 系统的构造和工作原理	查阅资料，掌握目标车辆 ABS 系统的构造、工作原理等，并分析 ABS 整体的运行数据	完成 □　未完成□
规范记录与操作	规范、整洁记录工作成果记录页，并留存工作记录影像资料	完成 □　未完成□
清洁整理整顿	工具设备清洁归位，工作场地清理	完成 □　未完成□

四、任务总结

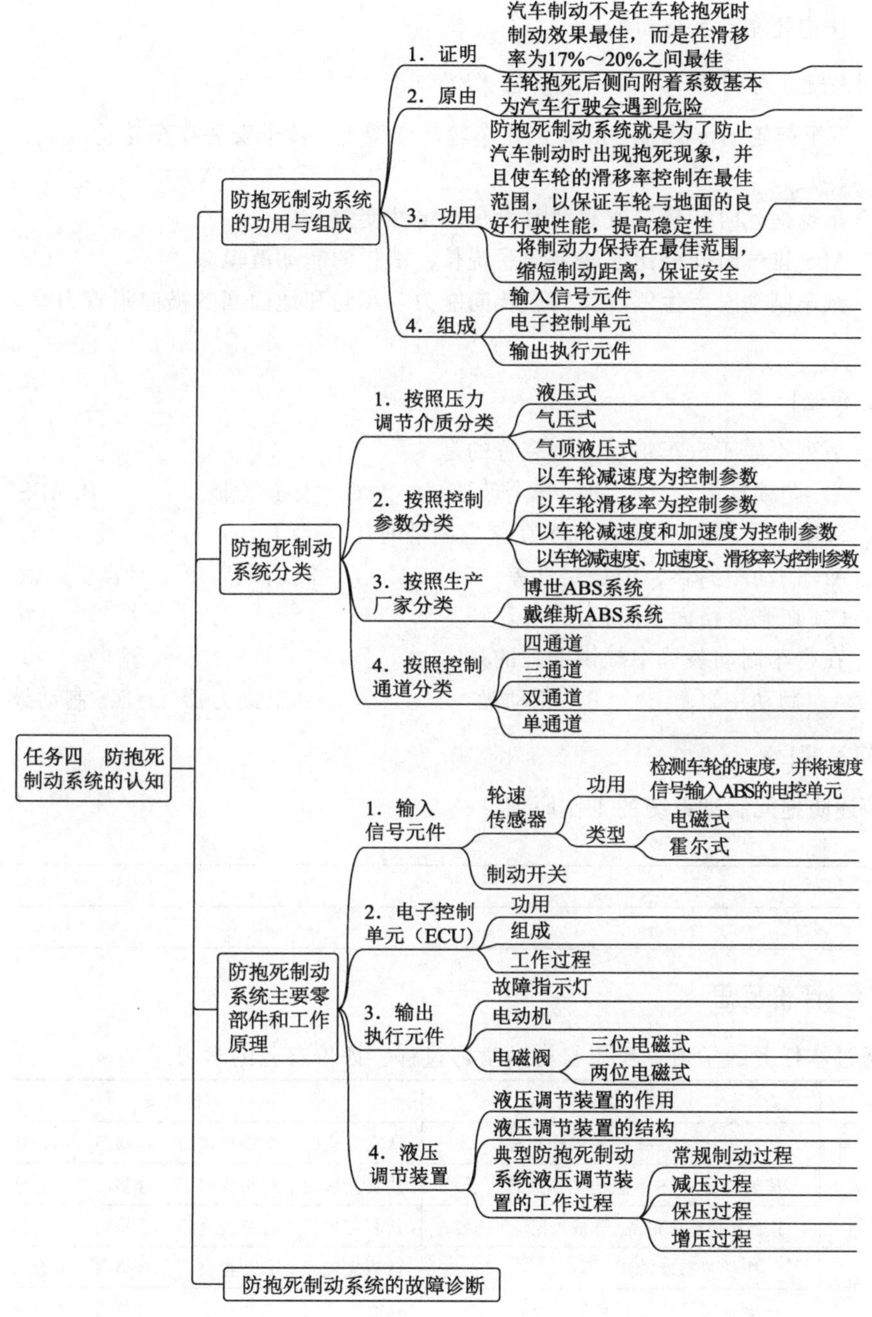

五、任务练习

[填空题]

1. ABS 电磁阀有__________和__________两种。

2. ________的功用是检测的________速度，并将速度信号输入 ABS 的________。

3. 防抱死制动系统简称________。

[判断题（对的打“√”，错的打“×”）]

1. 汽车前轮的传感器一般固定在车轮转向架上，转子安装在车轮轮毂上，与车轮同步转动。 （ ）

2. 车轮抱死时，将导致制动时汽车稳定性变差。 （ ）

3. ABS 排气时间要比普通制动系统长，消耗的制动液也多。 （ ）

4. 汽车制动时产生侧滑及失去转向能力与车轮和地面间的横向附着力有关。 （ ）

[选择题]

1. 下列不属于汽车被动安全装置的是（ ）。
   A. 防撞杆 B. 安全玻璃 C. 安全气囊 D. ABS 系统

2. 装有电子控制 ABS 的汽车在紧急制动时（ ）。
   A. 制动距离长，但稳定性差 B. 制动距离短，但容易跑偏
   C. 在光滑路面上易侧滑

3. 在行车制动装置中提供助力的是（ ）。
   A. 制动主缸 B. 制动盘 C. 真空助力器 D. 制动鼓

[问答题]

简述防抱死制动系统的工作原理。

____

____

____。

六、评价反思

通过本任务的学习，反思自己的学习过程，评价自己的学习质量。

评价项目	评价指标	评价结果
专业技能	能够描述 ABS 系统的结构组成	认真完成□ 有待提高□ 合格□ 不合格□
	能够描述 ABS 系统的工作原理	认真完成□ 有待提高□ 合格□ 不合格□
	按照质量要求完成工作成果记录页内容	认真完成□ 有待提高□ 合格□ 不合格□
工作态度	工作学习态度端正	认真完成□ 有待提高□ 合格□ 不合格□
	正确查阅维修资料和学习资料	认真完成□ 有待提高□ 合格□ 不合格□
个人反思	对于本任务，个人完成的质量是否达到最佳程度，请提出个人反思和改进建议	个人反思： 改进建议：

个人学习成长记录贴

工作成果记录页十七　转向系统的认知

项目名称	项目五　汽车底盘转向系统		
任务名称	任务一　转向系统的认知		
团队名称		姓　　名	
地　　点		日　　期	

一、组织安排

实施步骤	实施内容
使用工具、设备	举升机、实训车辆、转向台架等
组织安排	1. 实训车辆转向系统的认知 分好小组→熟悉转向系统的功用→宣读安全注意事项→安全操作举升机并举升实训车辆→确保安全进入车底部→观察转向系统结构、类型→描述转向系统使汽车稳定转向的工作过程→描述转向系统力的传递路径→清理现场。 2. 实训转向台架的认知 围绕转向台架进行讲解→抽取学生提问台架结构和功用。 3. 清理总结 清洁现场→组织总结→评价反思→做好工作成果记录页
准备工作	对实训现场进行安全检查，熟练操作举升机
团队实施	分好团队，以团队为单元，实施任务

二、信息收集

1. 团队学生通过现场查找一辆汽车，作为本次工作成果收集的目标车辆，并详细登记车辆信息。

品　　牌		发动机型号	
车辆识别码		转向器类型	
前悬架类型		后悬架类型	

2. 根据本任务并结合车辆信息，回答引导问题。

① 本辆汽车转向器选用的类型是 纯机械□　液压助力□　电动助力□ 。

② 本次实训台架选用的转向器类型是 纯机械□　液压助力□　电动助力□ 。

③ 本辆汽车转向拉杆和转向节位置在 车轮架中部□　独立悬架减振器端□ 。

④ 本次实训台架转向拉杆和转向节位置在 车轮架中部□　独立悬架减振器端□ 。

3. 通过查阅资料，完成下列任务。

① 大多数轿车为何选用齿轮齿条式转向器？

____

____

____。

② 转向系统为什么需要万向转动装置进行传力？

____

____

____。

③ 操作举升机时的注意事项有哪些？

____

____

____。

4. 在下列括号中写出转向系统结构组成、类型的名称。

① 在下图括号中写出转向系统的组成机构名称。

② 在下图括号中写出两种转向系统的类型名称。

三、任务实施

实施内容	评价标准	完成情况
安全注意事项	熟知实训室安全操作规范和注意事项	完成 □　未完成□
准备工作	清理现场，清点工具，检查举升机	完成 □　未完成□
举升车辆	安全使用举升机并举升车辆，观察转向系统布置	完成 □　未完成□
熟悉实训车辆转向系统	熟悉车辆转向系统结构，会分析力矩传递路径	完成 □　未完成□
熟悉实训台架	熟悉并正确描述转向台架结构和助力类型	完成 □　未完成□
清洁整理整顿	工具设备清洁归位，工作场地清理	完成 □　未完成□

四、任务总结

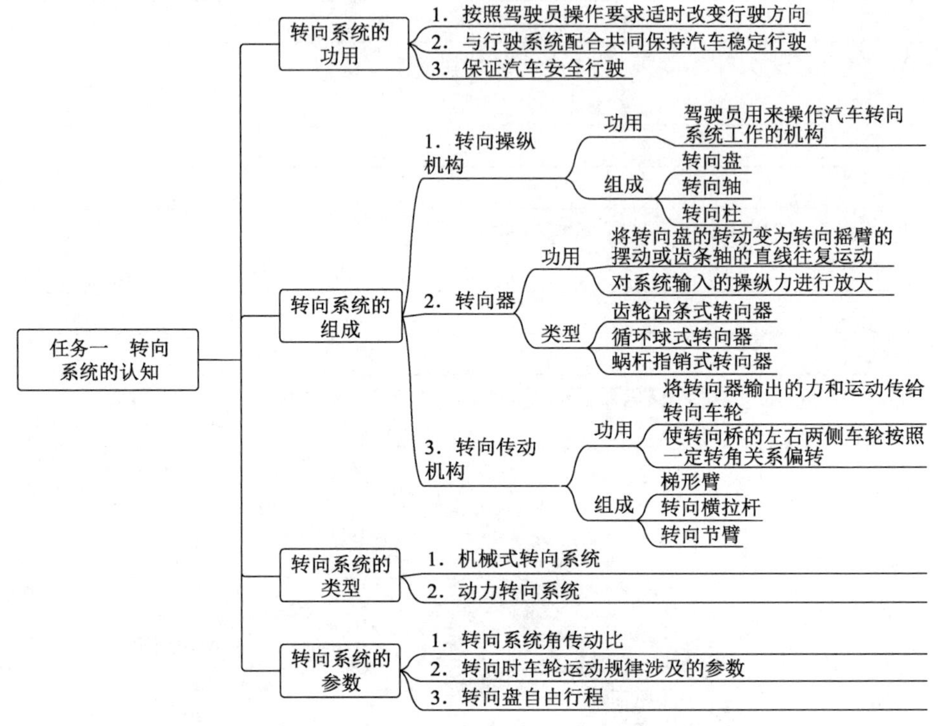

五、任务练习

[填空题]

1. 用来改变或保持汽车________的机构称为汽车________。

2. 转向系统由________、________、________三个主要部分组成。

3. ________是驾驶员用来操纵汽车转向系统的机构，由________、________、________等组成。

4. ________是将转向盘的转动变为________的摆动或________的直线往复运动，同时对系统输入的操纵力进行________。

5. 汽车转向系统按转向动力源的不同分为________和________两大类。

6. ________的转角与安装在转向盘同侧的________偏转角的比值，称为转向系统________。

[判断题（对的打“√”，错的打“×”）]

1. 汽车的转弯半径越小，则汽车的转向机动性能越好。（ ）

2. 汽车的轴距越小，则汽车的转向机动性能越好。（ ）

3. 转向系统的角传动比越大，则转向越轻便、越灵敏。（ ）

4. 可逆式转向器的自动回正能力稍逊于极限可逆式转向器。（ ）

5. 转向横拉杆体两端螺纹的旋向一般均为右旋。 (　　)

[选择题]

1. 在动力转向系统中，转向所需的能源来源于（　　）。
   A. 驾驶员的体能　B. 发动机动力　C. A、B 均有
2. 转弯半径是指由转向中心到（　　）。
   A. 内转向轮与地面接触点间的距离
   B. 外转向轮与地面接触点间的距离
   C. 内转向轮之间的距离
   D. 外转向轮之间的距离
3. 汽车转向系统一般由转向操纵机构、（　　）、转向传动机构组成。
   A. 转向节　B. 转向柱　C. 转向器　D. 转向横拉杆

[问答题]

什么是转向盘的自由行程？如何检查？

____

____

_______________________________________。

六、评价反思

通过本任务的学习，反思自己的学习过程，评价自己的学习质量。

评价项目	评价指标	评价结果
专业技能	能够描述转向系统的组成、功用、类型	认真完成□　有待提高□　合格□　不合格□
	能正确使用举升机，并举升车辆	认真完成□　有待提高□　合格□　不合格□
	能正确描述转向系统的结构和力矩传递路径	认真完成□　有待提高□　合格□　不合格□
	能够遵守实训场地、设备安全操作规范	认真完成□　有待提高□　合格□　不合格□
	按照质量要求完成工作成果记录页内容	认真完成□　有待提高□　合格□　不合格□
工作态度	工作学习态度端正	认真完成□　有待提高□　合格□　不合格□
	正确查阅维修资料和学习资料	认真完成□　有待提高□　合格□　不合格□
	按照计划安排，完成实训	认真完成□　有待提高□　合格□　不合格□
	分工明确，团队协作	认真完成□　有待提高□　合格□　不合格□
个人反思	对于本任务，个人完成的质量是否达到最佳程度，请提出个人反思和改进建议	个人反思： 改进建议：

个人学习成长记录贴

工作成果记录页十八　机械式转向系统的认知

项目名称	项目五　汽车底盘转向系统		
任务名称	任务二　机械式转向系统的认知		
团队名称		姓　　名	
地　　点		日　　期	

一、组织安排

实施步骤	实施内容
使用设备	在实训车间或者校园内部找到合适车辆，或者合适的机械式转向系统台架
组织安排	分好小组→掌握安全注意事项→做好任务分工安排→找到合适的车辆与机械式转向系统的台架→征得车主或管理者同意→小组探讨、分析车辆机械式转向系统的构造、工作原理→组织总结→评价反思→做好工作成果记录页
准备工作	准备好手套、笔记本、手机（负责照相），熟悉实训车间及工作场地安全要求等规章制度，熟悉机械式转向系统的功用、构造、工作原理等基础知识
团队实施	分好团队，以团队为单元，实施任务

二、信息收集

1. 团队学生通过现场查找一辆汽车，作为本次工作成果收集的目标车辆，并详细登记车辆信息。

品　　牌		发动机型号	
车辆识别码		转向器类型	
前悬架类型		后悬架类型	

2. 根据本任务并结合车辆信息，回答引导问题。

① 本辆汽车转向器选用的类型是<u>纯机械□　液压助力□　电动助力□</u>。

② 本辆汽车转向拉杆和转向节位置在<u>车轮架中部□　独立悬架减震器端□</u>。

3. 通过查阅资料，完成下列任务。

① 缓冲吸能式转向操纵机构的类型有哪些？它对驾驶员具有什么作用？

____

____

____

____

____。

② 查找到多功能转向盘，并阐述其具有哪些功能和特点。

____

____

____

____

____。

4. 写出下图画线部分机械转向系统的构件名称。

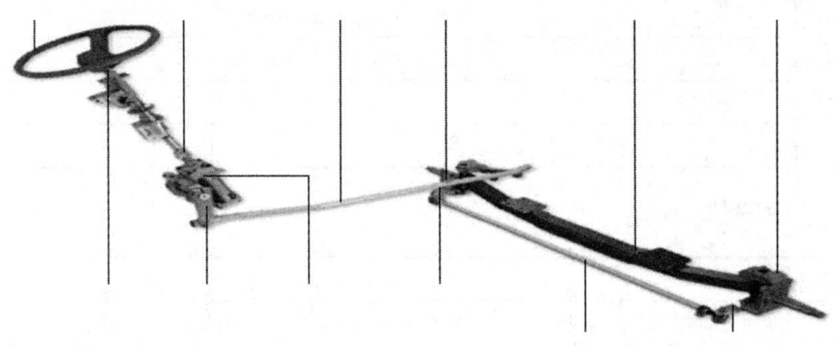

三、任务实施

实施内容	评价标准	完成情况
安全注意事项	熟知实训室安全操作规范和注意事项	完成 □ 未完成□
准备工作	清理现场，清点工具	完成 □ 未完成□
查找并登记车辆信息	找到合适车辆或部件并征得车主或管理者同意，记录车辆相关信息	完成 □ 未完成□
讨论分析机械式转向系统的构造和工作原理	查阅资料，掌握机械式转向系统台架的构造、工作原理等，并分析机械式转向系统的整体运行数据	完成 □ 未完成□
规范记录与操作	规范、整洁记录工作成果记录页，并留存工作记录影像资料	完成 □ 未完成□
清洁整理整顿	工具设备清洁归位，工作场地清理	完成 □ 未完成□

四、任务总结

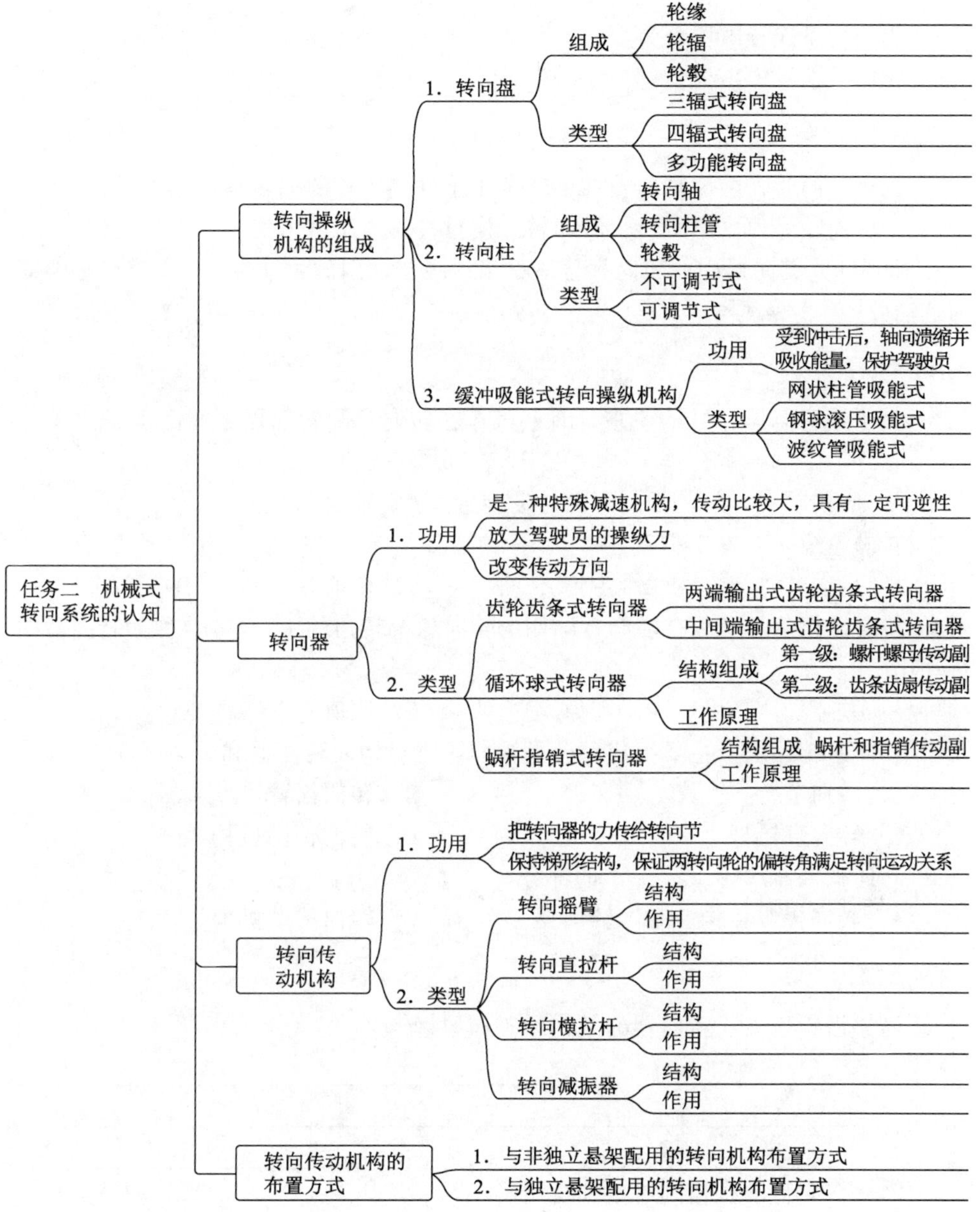

五、任务练习

[填空题]

1. 汽车转向操纵机构的作用是将驾驶员的操纵力传给________。
2. 汽车转向操纵机构由________、________、________等主要部分组成。
3. 转向盘主要由________、________、________组成。

4. ________是一种特殊的减速机构，其传动比________，且要求具有一定的________。

5. 齿轮齿条式转向器分为________和________两大类。

6. 转向传动机构主要由________、________、________、________等组成。

[判断题（对的打“√”，错的打“×”）]

1. 汽车转向时，内侧转向轮的偏转角小于外侧车轮的偏转角。 （ ）

2. 当转向轮为独立悬架时，转向桥、横拉杆必须是整体式。 （ ）

3. 循环球式转向器中的转向螺母既是第一级传动副的主动件，又是第二级传动副的从动件。 （ ）

[选择题]

1. 为了适应总体布置的要求，有些汽车在转向盘和转向器之间由（ ）连接。

A. 转向轮　B. 万向传动装置　C. 轴

2. 转向轮绕（ ）振动。

A. 转向节　B. 主销　C. 车架　D. 悬架

3. 转向盘转角与安装在转向盘同侧的转向轮偏转角的（ ），称为转向器的角传动比。

A. 差值　B. 和值　C. 比值

4. 转向系统的三个主要组成部分是转向操纵机构、转向器和（ ）。

A. 转向节臂　B. 转向摇臂

C. 转向直拉杆　D. 转向传动机构

5. 转向减振器属于（ ）的部分。

A. 转向操纵机构　B. 转向器　C. 转向传动机构

[问答题]

1. 简述齿轮齿条式转向器的结构和工作原理。

____

____

____。

2. 简述转向传动机构的组成和功用。

____

____

____。

六、评价反思

通过本任务的学习，反思自己的学习过程，评价自己的学习质量。

评价项目	评价指标	评价结果
专业技能	能够描述机械式转向系统的结构组成和功用	认真完成□　有待提高□　合格□　不合格□
	能够描述机械式转向系统传动机构的布置方式	认真完成□　有待提高□　合格□　不合格□
	按照质量要求完成工作成果记录页内容	认真完成□　有待提高□　合格□　不合格□
工作态度	工作学习态度端正	认真完成□　有待提高□　合格□　不合格□
	正确查阅维修资料和学习资料	认真完成□　有待提高□　合格□　不合格□
个人反思	对于本任务，个人完成的质量是否达到最佳程度，请提出个人反思和改进建议	个人反思： 改进建议：

个人学习成长记录贴

工作成果记录页十九　动力转向系统的认知

项目名称	项目五　汽车底盘转向系统		
任务名称	任务三　动力转向系统的认知		
团队名称		姓　　名	
地　　点		日　　期	

一、组织安排

实施步骤	实施内容
使用设备	在实训车间或者校园内部找到合适车辆，或者合适的动力转向系统台架
组织安排	分好小组→掌握安全注意事项→做好任务分工安排→找到合适的车辆与动力转向系统的台架→征得车主或管理者同意→小组探讨、分析车辆动力转向系统的构造、工作原理→组织总结→评价反思→做好工作成果记录页
准备工作	准备好手套、笔记本、手机（负责照相），熟悉实训车间及工作场地安全要求等规章制度，熟悉动力转向系统的功用、构造、工作原理等基础知识
团队实施	分好团队，以团队为单元，实施任务

二、信息收集

1. 团队学生通过现场查找一辆汽车，作为本次工作成果收集的目标车辆，并详细登记车辆信息。

品　　牌		发动机型号	
车辆识别码		转向器类型	
前悬架类型		后悬架类型	

2. 根据本任务并结合车辆信息，回答引导问题。

① 本辆汽车转向器选用的类型是 纯机械□　液压助力□　电动助力□ 。

② 本辆汽车转向拉杆和转向节位置在 车轮架中部□　独立悬架减振器端□ 。

3. 通过查阅资料，完成下列任务。

查阅资料，简述电动助力转向系统（EPS）的特点。

____

____

____。

4. 写出下列转向系统结构组成的名称。

① 写出下图画线部分动力转向系统的构件名称。

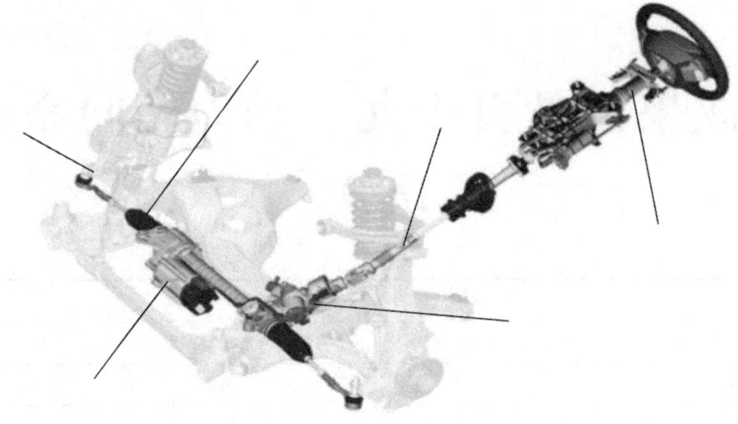

② 在下图括号中写出转向油泵的构件名称。

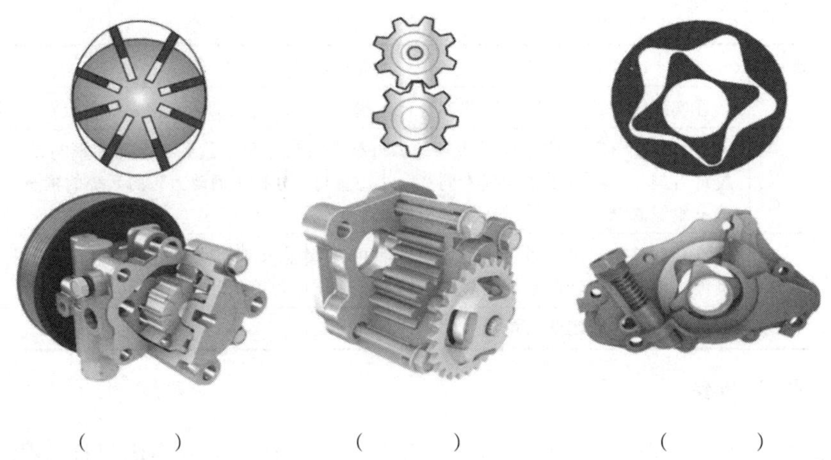

(　　　)　　　　(　　　)　　　　(　　　)

三、任务实施

实施内容	评价标准	完成情况
安全注意事项	熟知实训室安全操作规范和注意事项	完成 □　未完成□
准备工作	清理现场，清点工具	完成 □　未完成□
查找并登记车辆信息	找到合适车辆或部件并征得车主或管理者同意，记录车辆相关信息	完成 □　未完成□
讨论分析动力转向系统的构造和工作原理	查阅资料，掌握动力转向系统台架的构造、工作原理等，并分析动力转向系统的整体运行数据	完成 □　未完成□
规范记录与操作	规范、整洁记录工作成果记录页，并留存工作记录影像资料	完成 □　未完成□
清洁整理整顿	工具设备清洁归位，工作场地清理	完成 □　未完成□

四、任务总结

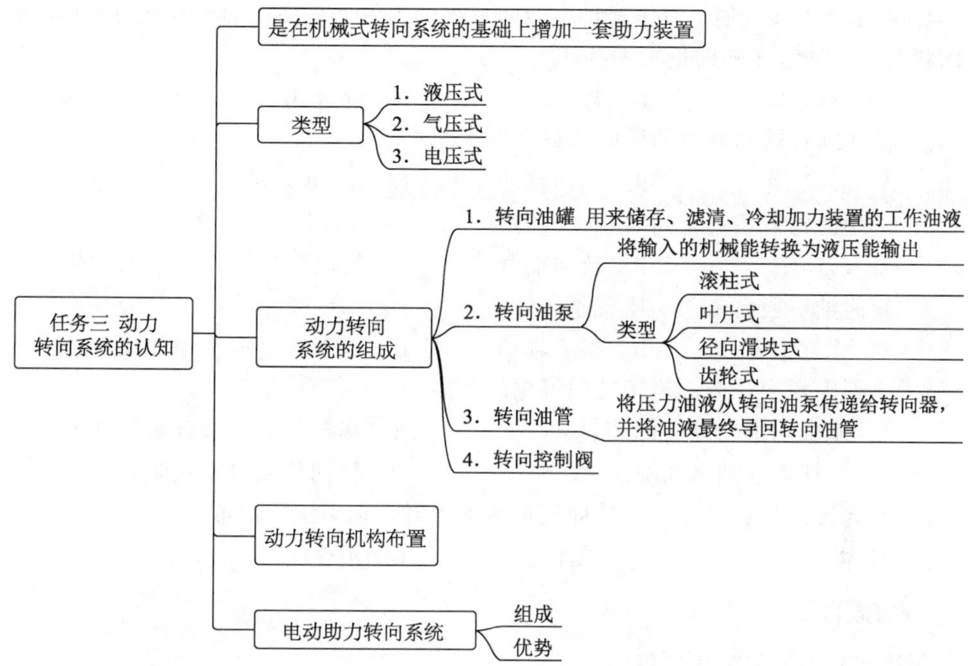

五、任务练习

[填空题]

1. 汽车转向操纵机构包括________、________、________等，它的作用是将驾驶员的操纵力传给________。

2. 液压动力转向装置包括________、________、________、________等。

3. 转向油泵又称________，它是液压助力转向系统的________。

4. ________的传动带绕在________和________上。

5. 转向油罐的作用主要是用来________、________、________。

[判断题（对的打“√”，错的打“×”）]

1. 动力转向的随动机构中，活塞之所以以一定准确度跟随螺杆运动，是因为活塞与转向盘间存在机械反馈联系。 (　　)

2. 转向时，油泵处出现噪声，可能是储油罐中油量不够所致。 (　　)

3. 油液脏污可能会造成动力转向左、右转弯时轻重不同。 (　　)

4. 油泵驱动传动带打滑会造成动力转向快速转向时沉重。 (　　)

5. 转向传动机构是指转向盘至转向器之间的所有连接部件。 (　　)

6. 为使汽车正常转向，就要保持转向轮有正确的滚动和滑动。 (　　)

[选择题]

1. 汽车在不转向时，液压式动力转向系统内工作油是高压油，而分配阀又处于关闭状态，这种液压转向助力器为（　　）。

A. 常流式　　B. 常压式　　C. 混合式　　D. 变压式

2. 循环球式转向器中的转向螺母可以（　　）。

A. 转动　　B. 轴向移动　　C. A、B 均可

3. 采用齿轮齿条式转向器时，不需要（　　），所以结构简单。

A. 转向节　　B. 转向摇臂　　C. 转向直拉杆　　D. 转向横拉杆

4. 转向轴一般由（　　）制造。

A. 无缝钢管　　B. 实心轴　　C. 低碳合金钢　　D. 高碳钢

5. 下列因素中，造成汽车转向沉重的原因是（　　）。

A. 蜗杆与滚轮啮合间隙过大　　B. 蜗杆与滚轮啮合间隙过小

C. 蜗杆上下轴承间隙过大　　D. 转向传动机构松旷

6. 动力转向装置工作时，转向轮偏角增大时，动力缸内的油压（　　）。

A. 增大　　B. 减小　　C. 不变

[问答题]

简述转向油泵的工作原理。

____

____

____。

六、评价反思

通过本任务的学习，反思自己的学习过程，评价自己的学习质量。

评价项目	评价指标	评价结果
专业技能	能够描述动力转向系统的结构组成	认真完成□　有待提高□　合格□　不合格□
	能够描述电动助力转向系统的结构组成和工作原理	认真完成□　有待提高□　合格□　不合格□
	按照质量要求完成工作成果记录页内容	认真完成□　有待提高□　合格□　不合格□
工作态度	工作学习态度端正	认真完成□　有待提高□　合格□　不合格□
	正确查阅维修资料和学习资料	认真完成□　有待提高□　合格□　不合格□
个人反思	对于本任务，个人完成的质量是否达到最佳程度，请提出个人反思和改进建议	个人反思： 改进建议：

个人学习成长记录贴

工作成果记录　总评

序号	任务	自我评价	小组评价	教师评价	最终得分	时间
1	汽车底盘功用与组成的认知					
2	汽车底盘驱动形式的认知					
3	汽车拆装基础的认知					
4	汽车底盘传动系统的认知					
5	离合器的认知					
6	手动变速器的认知					
7	万向传动装置的认知					
8	驱动桥的认知					
9	行驶系统的认知					
10	车架和车桥的认知					
11	悬架的认知					
12	车轮与轮胎的认知					
13	盘式制动器的拆装					
14	鼓式制动器的拆装					
15	制动传动装置的认知					
16	防抱死制动系统的认知					
17	转向系统的认知					
18	机械式转向系统的认知					
19	动力转向系统的认知					
总评定						
备注：采用五级制（优；良；中；及格；不及格）						
本人签字	年　月　日	指导教师签字	年　月　日			